FERDINAND F., 81 ANS, CHENILLE

Venez papillonner sur notre site :
www.soulieresediteur.com

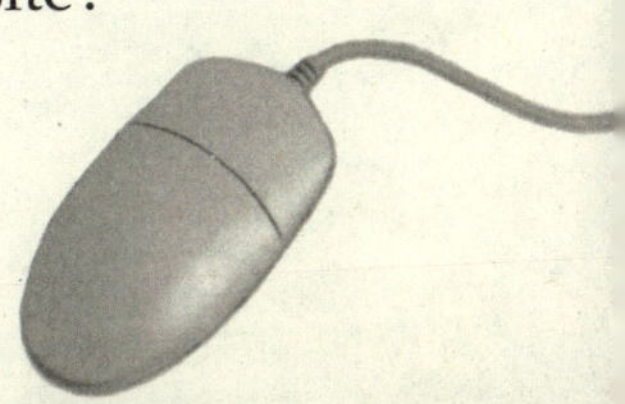

Du même auteur
chez le même éditeur:

Quand hurle la nuit, roman, 2015
- Finaliste au Prix du Gouverneur général 2016

La saison des pluies, roman, 2011
- Sélection The White Ravens 2013
- Liste d'honneur IBBY Canada 2012
- Prix TD 2012
- Prix Jeunesse des libraires du Québec 2012
- Finaliste au Prix du Gouverneur général 2011

Que faire si des extraterrestres atterrissent sur votre tête, roman, 2004

Poésie (adultes)

Le livre clairière, Les Herbes rouges, 2012
La somme des vents contraires, Les Herbes rouges, 2006
Choix d'apocalypses, Les Herbes rouges, 2003

MARIO BRASSARD

FERDINAND F., 81 ANS, CHENILLE

roman

SOULIÈRES ÉDITEUR
www.soulieresediteur.com

case postale 36563 — 598, rue Victoria Saint-Lambert
(Québec) J4P 3S8

FRENCH
YA
BRA

Soulières éditeur remercie le Conseil des Arts du Canada et la SODEC de l'aide accordée à son programme de publication et reconnaît l'aide financière du gouvernement du Canada pour ses activités d'édition. Soulières éditeur bénéficie également du Programme de crédit d'impôt pour l'édition de livres – Gestion Sodec – du gouvernement du Québec.

Canada   Conseil des Arts du Canada   Canada Council for the Arts   SODEC Québec

Dépôt légal : 2018

Catalogage avant publication de Bibliothèque et Archives nationales du Québec et Bibliothèque et Archives Canada

Brassard, Mario

Ferdinand F., 81 ans, chenille

(Collection Graffiti ; 116)

Pour les jeunes de 11 ans et plus.

ISBN 978-2-89607-413-6

I. Titre. II. Collection : Collection Graffiti ; 116.

PS8553.R298F47 2018 jC843'.6 C2017-942056-9

PS9553.R298F47 2018

Conception graphique de la couverture :
Annie Pencrec'h

Illustration de la couverture ;
Jean-Luc Trudel

ISBN 978-2-89607-413-6

L'auteur remercie le Conseil des arts et des lettres du Québec pour son soutien à l'écriture de ce livre.

À Alexandre et à Patrick, vieux amis
dont l'amitié n'a pas pris une ride.

CHAPITRE 1

QUAND FERDINAND F. MARCHAIT DANS LA FORÊT – ET CELA LUI ARRIVAIT SOUVENT –, AUCUN ARBRE NE TREMBLAIT À SA VUE. Même les plus petits sapins, qui ne dépassaient pourtant pas ses genoux, le regardaient de haut. Peut-être les arbres savaient-ils d'instinct qu'ils n'avaient rien à craindre de ce vieil homme, laid et triste, dont le silence était moins un choix qu'un aveu d'échec. Après tout, si l'on devait un jour les couper pour en faire du papier, ce ne serait certainement pas parce que quelqu'un aurait écrit un livre sur sa vie. Aussi l'ignoraient-ils, de la même façon qu'ils ignoraient ces chenilles venant mourir chaque nuit à leur pied dans l'anonymat le plus complet, incapables de devenir papillons.

Il faut bien l'admettre, ces arbres n'avaient pas tort. Cela peut sembler surprenant, mais il ne s'était jamais rien produit de remarquable dans la vie de Ferdinand F., 81 ans. Rien, vraiment. Il avait mené une existence dépourvue de relief, au pouls faible ; dit autrement, une existence faite de nuages et de parapluies percés. D'ailleurs, si vous aviez profité du fait qu'il se trouvait dans la forêt pour fouiller dans ses tiroirs, vous n'auriez découvert, j'en ai bien peur, aucune médaille de bravoure, aucun diplôme, aucun lingot d'or caché dans un bas de laine rapiécé, ni aucune lettre d'amour encore toute chaude de désir. Au mieux, vous auriez noté, impeccablement pliés et rangés, une surabondance de vêtements aux couleurs terreuses, comme si Ferdinand F. se préparait déjà à aller passer le reste de ses jours au cimetière.

Cette absence de vitalité ne s'appliquait pas qu'à ses tiroirs. De façon plus large, lorsque l'on quittait sa chambre, puis son appartement aux allures de boîte de conserve, et que l'on regagnait au pas de course le monde qui, lui, poursuivait la sienne, on s'apercevait qu'il existait une frontière très sentie entre ces deux univers. L'incompatibilité était marquée entre l'air du dedans, figé dans sa monotonie, et l'air du dehors, que les gens se passaient de poumons en poumons, comme un secret sans cesse renouvelé. Mais Ferdinand F. ne le partageait pas avec eux, ce secret. Il se tenait le plus possible à l'abri du regard des autres, et ses habitudes casanières avaient fini par faire office de cape d'invisibilité. Je ne surprendrai probablement personne en rapportant que dans le voisinage on le surnommait, à mi-voix, *l'ombre de l'ombre.*

Sans qu'ils s'en doutent, ses voisins l'avaient affublé du surnom le plus ironique que l'on puisse concevoir. Voyez-vous, c'est que, durant toute son existence, Ferdinand F. avait rêvé de projecteurs braqués sur lui, de conquêtes célèbres enflammant jusqu'au papier glacé des magazines à potins, ou encore d'étoiles qui scintilleraient sur commande. Enfin, rêvé de toutes ces choses qui brillent dans les yeux des gens qui acclament à tout rompre, les mains en compote, brûlant eux-mêmes d'envie d'être applaudis d'aussi bien applaudir. Or, à son grand désarroi, il n'avait jamais eu droit à une seule ligne dans un journal pour quoi que ce soit qu'il eût fait, dit ou vu. Zéro. Il en venait à se demander s'il aurait droit à une notice nécrologique à son décès ou bien si les lettres de son nom ne finiraient pas plutôt dispersées sur la grille des mots croisés, sans que personne n'arrive à les rassembler à nouveau. Pour morbide qu'elle soit, la question se posait, je crois. D'abord, qui écrirait cette notice nécrologique ? Pire, qui se donnerait la peine de la lire ?

Ce genre de réflexion lui était trop familier, ce qui n'était pas étonnant si l'on considérait que le camelot lui-même, qui pourtant lui apportait le journal chaque matin, oubliait régulièrement son nom au moment de rédiger sa facture. L'insignifiance du vieil homme dans l'ordre des choses crevait les yeux. Idem pour son apparence, dont je vous épargnerai ici la description, tant c'était celle de monsieur Tout-le-monde, mais en moins beau. Sachez simplement que dans une foule de deux personnes ou plus – à supposer qu'il ait eu un ami, ce qui n'était pas le cas –, il était impossible de le remarquer, à moins d'observer cette foule au télescope. Et encore. C'est vous dire à quel point il s'était enterré vivant.

Ferdinand F. faisait partie de cette catégorie de gens sans histoire dont les géographes disent, la main pointée vers l'horizon, que leur vie est un long fleuve tranquille : une vie qui s'écoule seconde par seconde, sans que l'on entende le bruit des aiguilles ou que l'on juge bon de réveiller à chaque heure le coucou. Seulement, par souci de précision, force est de reconnaître que ce n'était pas tout à fait cela. Il ne s'agissait pas, à proprement parler, d'un fleuve, mais plutôt d'un ruisseau si minuscule et banal qu'il n'apparaissait sur aucune carte, l'encre nécessaire à son impression surpassant, selon toute vraisemblance, la quantité d'eau s'y écoulant.

Il n'était pas sans deviner qu'il devait y avoir forcément plus que cela à la vie. Mais quoi au juste ? Quand Ferdinand F. regardait autour de lui, honteux, il avait l'impression que tous étaient au courant, que tous s'étaient donné le mot, de la plus petite des bactéries jusqu'aux plus gigantesques baleines, et que le chemin menant à la joie de vivre était de notoriété publique. Dans ses moments de désespoir, il croyait que tout le monde avait lu le même manuel d'instructions et que tout le monde savait assembler le bonheur vite fait, bien fait, sans que le marteau ne confonde leurs doigts avec la tête du clou à planter. Pourquoi, lui, ne l'avait-il pas lu ? Un énième oubli du camelot ?

S'il voulait être parfaitement honnête, un tel manuel n'existait sûrement pas. Et ce n'était la faute de personne d'autre que la sienne. Ses chances, il les avaient toutes ratées. Troublé par ce constat, Ferdinand F. baissait alors la tête et continuait à s'enfoncer dans la forêt, se dirigeant d'un pas résigné vers je ne sais où.

CHAPITRE 2

OH, FERDINAND F. N'AVAIT PAS TOUJOURS ÉTÉ VIEUX, LAID ET TRISTE. BIEN AU CONTRAIRE. Enfant, on disait de lui qu'il avait le plus beau sourire au sud de la Lune. Et c'était vrai. Il fallait le voir déployer ses lèvres à la vue d'un de ces nombreux bateaux quittant le port pour une destination inventée, connue de lui seul, et qu'il ne dévoilerait à quiconque, même sous la torture. Il rayonnait à l'idée de rendre fous ses bourreaux en résistant d'un air désinvolte à leurs instruments pourtant finement aiguisés, ne cédant pas d'une syllabe. Son sourire n'en était que plus éclatant, ce que l'on ne manquait pas de souligner autour de lui. Mais comme tous les compliments répétés trop souvent, ils avaient fini par perdre de leur saveur, et un matin, sans que personne ne s'en rende compte, la Lune était devenue chose du passé, toute poussiéreuse.

Et puis on avait d'autres chats à fouetter à Montréal, ouste ! Si ses parents, Albert et Jeanne, avaient eu la chance d'échapper aux conséquences du krach de 1929, c'était plus compliqué pour la plupart de ses oncles et de ses tantes, qui débarquaient fréquemment à l'improviste à la maison, mendiant de l'argent et de la nourriture, les yeux rouges et cernés, ce qui à tout coup l'effrayait. Généralement, c'était une affaire de secondes avant que l'on entende se fermer le verrou de la porte de sa chambre : c'est que Ferdinand F. redoutait d'être contaminé. Pour le rassurer, sa mère lui avait révélé que ce n'était pas d'une maladie dont ils souffraient, encore moins d'une maladie contagieuse. Ils étaient ruinés, voilà, complètement ruinés. Oncles et tantes n'avaient même pas eu droit à une mise en garde ; un soir ils s'étaient couchés riches, le lendemain ils s'étaient réveillés dans un monde où plus rien ne leur appartenait, pas même les draps dans lesquels ils avaient dormi. Il n'en avait que plus apprécié la bonne santé financière de ses parents, bien qu'il ressentît une certaine culpabilité à l'idée de ne manquer de rien tandis que tant de gens manquaient de tout.

Si la nécessité est la mère de l'invention, on peut dire que les années qui suivirent le krach de 1929 eurent ceci de bon sur Ferdinand F. : elles l'avaient amené à élargir le rayon d'action de son imagination, déjà fort développée par ses lectures. Il avait tenté, pendant de longs mois, de remédier aux ennuis financiers de tout un chacun en se lançant dans la conception d'une machine à fabriquer des billets de banque, sans se douter que c'était illégal. Son cœur ne s'encombrait pas de lois. Le projet, élaboré dans la plus grande discrétion, peinait à dépasser le stade de la planche à dessin, faute de matériaux et des connaissances techniques nécessaires. C'est qu'il avait besoin d'aide. Lorsqu'il en avait demandée à son père, qui craignait les policiers comme un champignon craint un cueilleur au panier vide, celui-ci avait éclaté de rire, croyant à une blague, une très mauvaise blague. Or, vous comme moi le savons, ce n'en était pas une. Son père avait immédiatement mis les plans au feu, la cendre dans une chaudière, et enterré le tout dans le jardin à un bon mètre de profondeur, sous le regard éberlué de son fils, sommé de ne plus recommencer. Puis, sans doute désireux de se racheter, il lui avait tendu un billet neuf – « Un vrai », avait-il précisé –, tiré d'une énorme liasse, pour qu'il aille à la librairie se procurer de nouveaux livres.

L'origine de tout cet argent demeurait mystérieuse pour Ferdinand F. Que faisait donc son père, lui qui passait ses journées à la maison à recevoir des visiteurs et à discuter avec eux de pourcentages ? Il l'avait interrogé nombre de fois à ce sujet, mais l'homme restait évasif, et sa mère davantage, ce qui ouvrait la porte à toutes les suppositions. Ainsi, jusqu'à l'âge de 11 ans, il avait nourri l'espoir secret que son père soit en fait un auteur de romans d'aventures publiant sous des pseudonymes, par modestie. Celui-ci s'enfermait à clé de longues heures, plusieurs fois par semaine, juste après le souper, et ne recevait, j'ai le regret de vous l'annoncer, sous aucun prétexte. Il imaginait son père enfiler une cape et manier la plume telle une épée, repoussant des hordes de bandits. Le cliquetis du métal, les blessures dégoulinant d'encre, le regard de convoitise des vautours, la gratitude de la reine lorsqu'on lui rendait ses bijoux, un mariage fastueux avec la princesse, il y avait tout cela derrière cette porte de bois, qui un jour s'ouvrirait sur un livre.

En attendant, il s'agissait de ne pas troubler la concentration de l'auteur. Ferdinand F. allait, entre autres choses, jusqu'à s'astreindre à ne pas éternuer durant les heures d'écriture. Il avait l'impression que son silence se traduirait en mots supplémentaires sur la page, mots dont il serait, en quelque sorte, le co-auteur. Cette idée le ravissait, tout comme celle d'avoir assurément déjà lu plusieurs de ses livres, sans savoir exactement lesquels. Il butait bien un peu sur la façon dont son père devait s'y prendre pour contacter les éditeurs, mais à force de ruminer le problème, il en était venu à la conclusion, plausible, que son père utilisait un pigeon voyageur pour les prévenir – à moins que ce ne soit un signe posé à la fenêtre ? une petite annonce codée placée dans le journal ? –, afin qu'ils envoient sur-le-champ des agents négocier les droits du roman et, de là, l'origine de toutes ces discussions sur des pourcentages ! Oui, à la fin tout s'expliquait, y compris le sourire de fierté qui envahissait le visage de l'enfant lorsqu'il voyait son père, plus grand que nature, quitter la pièce sain et sauf.

Hélas, la plus chère de ses illusions disparut sans laisser d'adresse un soir où son père sortit précipitamment du bureau en disant à sa mère : « Il faudra remplacer cette fichue vitre cassée. Je n'en peux plus. J'ai beau essayer, je n'y arrive pas. Le bruit des voitures m'empêche de faire ma sieste. » Déçu, Ferdinand F. mit quelques jours à s'en remettre. Il venait de découvrir que sa vie n'était pas un roman.

Du moins, pas ce roman-là.

CHAPITRE 3

JE VOUS AI MENTIONNÉ QUE FERDINAND F. MIT QUELQUES JOURS À SE REMETTRE DE SA DÉCEPTION. En vérité, ce fut plus long encore. Ne m'en voulez pas : le cœur prend quelquefois des détours sinueux, pleins de ronces et d'animaux sauvages, laissant derrière lui des empreintes plus compliquées à déchiffrer que des hiéroglyphes. Aussi, il ne faut pas être surpris d'apprendre que des semaines plus tard on pouvait apercevoir, par un des carreaux de la fenêtre réparée du bureau de son père, Ferdinand F. marchant dans la rue, plus songeur que marcheur.

Son anniversaire, célébré dans l'intervalle, n'y changea rien. Il encaissait le ressac d'une vague de larmes qui l'avait dépouillé des lunettes déformantes avec lesquelles il avait toujours vu le monde. Il souffrait d'un mal étrange : la réalité. C'était une chose, certes difficile à accepter, que son père ne soit pas le romancier espéré dont les livres tapissaient le moindre recoin de sa prodigieuse mémoire ;

c'en était une autre d'admettre que sa vie était à des milliers de kilomètres de ce qu'il souhaitait qu'elle soit, et qu'elle semblait chaque jour s'éloigner, à l'instar d'un mirage dans le désert, sans qu'il ne puisse la retenir tout contre lui. Le comble, c'était qu'il ignorait si ce sentiment irait en s'améliorant, ou l'inverse. Il n'avait que 12 ans, soit, mais Ferdinand F. calculait sa vie en jours, ce qui rendait sa soif d'aventures, après plus de 4 000 jours d'impatience, plus pressante.

Un samedi après-midi, alors qu'on l'avait envoyé à la quincaillerie du coin acheter un pot de peinture grise pour repeindre les murs de sa chambre, il eut soudain l'idée de se créer un ami imaginaire. Il était conscient que cela n'était plus tout à fait de son âge, mais il songea qu'à deux la vie serait moins terne. Il était enfant unique, et malgré le fait qu'il s'accommodait de la solitude, il lui arrivait de s'ennuyer. Bien sûr, il avait des amis à l'école, plusieurs même, de braves garçons qui l'admiraient sans réserve, immanquablement prêts à lui donner un coup de main, à se plier par amitié à ses volontés. Le malheur est qu'il les trouvait ennuyeux, presque trop réels, manquant de cette chose qui faisait, pour lui, tout le sel de l'existence : l'imagination. Il faut dire qu'ils ne pensaient qu'à jouer aux billes et à crier des noms aux filles de l'école voisine, ce qui n'intéressait guère Ferdinand F., qui ne voyait là qu'une simple substitution de la première lettre de deux mots : billes ou filles, cela manquait légèrement de variété. Tant qu'à crier des noms, il allait en inventer un, et ce serait celui de son nouveau meilleur ami.

Après quelques minutes de réflexion, Frangin était né tout habillé, assis sur le bord du trottoir. Courbaturé, il s'était levé péniblement, si péniblement que l'on entendit ses articulations émettre des sons évoquant un engrenage dévoré par la rouille ; mais qui sait si l'air ne charriait pas d'infimes gouttelettes d'huile, car le grincement ne dura pas. Il avait épousseté ses vêtements comme s'il venait de quitter un moule de plâtre, ensuite libéré ses sinus dans un mouchoir en soie caché dans l'un de ses souliers, puis raclé sa gorge avec application dans le but d'éclaircir sa voix. Avec un accent que le plus expérimenté des linguistes n'aurait su identifier, même en travaillant d'arrache-pied jour et nuit et en annulant ses vacances d'été, Frangin prononça ces mots : « La peinture grise, c'est pour les éléphants et les hippopotames. » Bon prince, il avait jeté du lest : « À la limite, pour les dauphins... mais ne le dis pas aux requins. » Pour la première fois depuis des lunes, Ferdinand F. sourit. Et pour la première fois tout court, il sentit que le destin lui offrait un allié digne de ce nom.

Inutile d'ajouter que l'on oublia rapidement la visite à la quincaillerie. Les deux garçons n'en firent qu'à leur guise. Ferdinand F. voulait tout montrer de ce qu'il imaginait se tramer à l'endos des portes closes et derrière ces nuages au ventre bas, et les yeux de Frangin, eux, voulaient tout aspirer. Sur le quai, ses paupières n'avaient pas le temps de cligner qu'un nouveau bateau déchirait en deux la ligne d'horizon, transportant dans ses cales assez de miel d'abeilles africaines géantes pour la recoller. Réussir à les suivre relevait de l'exploit. Ils allaient d'un endroit à un autre sans reprendre leur souffle. Ils faisaient mine de fuir des brigands qu'ils pointaient du doigt, les soupçonnant de s'être déguisés en vieilles femmes en train de faire leur marché ; lesdites vieilles femmes se demandaient plutôt de quelle longueur devait être la trompe de la mouche qui poursuivait ce jeune homme, « celui-là même, monsieur l'agent, qui du haut de ses cinq pieds, cinq pieds et deux pouces au maximum, tutoyait le vide à ses côtés. » Épuisés, ils avaient fini par gagner le toit de l'usine abandonnée, près de la voie ferrée. Dans le silence des rails endormis, les deux garçons assistèrent à la représentation gratuite que donnaient, ce soir-là, les étoiles.

Là-haut, Ferdinand F. vécut l'une des plus belles soirées de sa vie – autant passée qu'à venir – à faire la connaissance de Frangin, l'ami dont il rêvait éveillé. Couchés sur le dos, mangeant des guimauves que l'on arrachait bien dorées de la bouche d'un dragon de leur invention, ils se chuchotèrent des secrets jusqu'à tard dans la nuit, comme si le monde ne devait jamais vieillir, ne jamais mourir.

CHAPITRE 4

CŒURS SENSIBLES, PRIÈRE DE VOUS ABSTENIR. Les autres, vous vous douterez que l'on ne faisait pas la nuit buissonnière sans en subir les conséquences, surtout dans une ville comme Montréal où, pour chaque brigand imaginé par Ferdinand F., cinq vrais criminels astiquaient leur revolver en espérant le salir à nouveau, de préférence dans les prochaines heures. Il était donc légitime d'appréhender si ce n'est le pire, du moins quelque chose d'affreux.

Pour ce qui est de se faire gronder par ses parents, Ferdinand F. s'était fait gronder, je vous prie de me croire. Quand il arriva, aux petites heures du matin, le plan d'invasion concocté avec Frangin avait lamentablement échoué : aucun moyen de se faufiler jusqu'à sa chambre sans attirer l'attention. Les lumières étaient toutes allumées, les portes et fenêtres verrouillées. La cheminée, dites-vous ? Pas bête, mais de la fumée s'en échappait. C'est que, loin de dormir, ses parents l'attendaient depuis une dizaine d'heures, brique et fanal à la main. À la main gauche, car la droite restait libre pour administrer des gifles, qui ne tarderaient pas à pleuvoir sur lui, aussitôt qu'il cognerait à la porte. Ce qu'il fit; ce qu'ils firent.

Les oreilles des murs de la maison familiale en avaient pris pour leur grade, de même qu'une bonne partie du ciel. Jamais autant de saints et d'objets liturgiques n'avaient été convoqués en même temps dans la maison, qui ressemblait tout d'un coup à la chapelle d'une église. Où était-il passé, ce bon à rien? Où était le pot de peinture? L'argent, lui, il était où, l'argent? Buvait-il en cachette, comme l'énervé à Gaston Riendeau? Facile à dire, il pouvait très bien avoir attendu de dégriser avant de rentrer ! Une fille, alors, c'était ça? Pas capable de contrôler ses pulsions de matou de ruelle devant une créature? Il croyait qu'il avait l'âge de se reproduire, de rajouter un visage au portrait de famille? Il avait intérêt à dire la vérité, toute la vérité, parce que l'on s'informerait, et gare à lui s'il avait menti! Dans tous les cas, comment osait-il désobéir à 12 ans? Et l'inquiétude, qu'est-ce qu'il en faisait, hein, de l'inquiétude de ses pauvres parents, qui auraient pu mourir au bout de leur sang d'encre? Il ne leur laissait pas d'autre choix que celui-là : en punition dans sa chambre pour le reste de la journée, et rien à manger ni à lire!

En dépit des coups et des insultes, Ferdinand F. n'avait pas craqué. La sévérité de la punition ne l'avait pas affecté outre mesure non plus. Son absence de réaction, bizarre pour un témoin extérieur, n'était pas dictée par un esprit de rébellion contre ses parents, qui n'avaient rien voulu savoir de ses justifications à base d'éléphants et d'hippopotames, mais parce qu'il voulait paraître fort devant Frangin, dont les yeux s'étaient embués à la vue de cette scène. Il connaissait chacune des règles transgressées et il assumait l'entière responsabilité de leurs actes. Si cela avait été à recommencer – il se garda bien de partager cette information avec ses parents –, il aurait tout refait de la même façon. Sauf pour les guimauves, en nombre nettement insuffisant.

Ce fut la tête haute qu'il prit la direction de sa chambre, car il savait qu'il n'y allait pas seul, que son ami imaginaire le suivait maintenant comme son ombre. C'était rassurant, une ombre qui éclaire dans le noir. Et même privé de ses livres, qui lui servaient de boucliers face aux assauts de la banalité du quotidien, Ferdinand F. ne trembla pas. Lui et Frangin serrèrent les coudes devant cette interminable journée de jeûne passée ensemble, à l'intérieur des frontières d'un monde parallèle s'apprêtant à devenir irrémédiablement le leur, pendant qu'à l'horloge de la cuisine, au-dessus d'une casserole où fondait du beurre, les heures s'écoulaient à pas d'escargot.

Le lendemain matin, les deux amis, quoique très affamés, se levèrent du même pied : le bon. Ferdinand F. devait aller à l'école. Frangin voulait l'accompagner, mais la décision fut prise qu'il resterait à la maison. Son nouveau compagnon estimait en effet qu'il ne servait à rien que les deux assistent aux cours alors qu'ils pouvaient, chacun de leur côté, apprendre des choses différentes qu'ils mettraient en commun le soir venu. Le plaisir de partager serait plus grand. Puis c'était sans compter sur le fait qu'ils ne pouvaient pas parler en classe ; quand bien même ils auraient pu, on aurait envoyé Ferdinand F. à l'infirmerie expliquer à la grosse Bertha, qui aurait tâté sans ménagement la tête du garçon à la recherche d'une bosse, pourquoi il parlait seul en regardant dans le vide. Frangin avait acquiescé à tout ceci, se rendant aisément aux raisons de son ami. Il irait plutôt le rejoindre à la fin de la journée, près de la clôture ceinturant l'école, et reviendrait avec lui à la maison. Ainsi devaient se dérouler les choses ce jour-là, traçant la voie aux semaines à venir.

Mis à part le fait qu'un ouvrier vint finalement peindre la chambre d'un gris détestable que seule la nuit réussissait à faire oublier, les semaines suivantes furent, disons-le, absolument fabuleuses pour les deux garçons. Chaque jour arrivait emballé dans les yeux de Ferdinand F., que l'on surprenait constamment à parler seul, à attraper des ballons invisibles, à éclater de rire, à lire à haute voix, à construire une machine à voyager dans le temps à deux places, ou à jouer au médecin des heures durant. Et cetera, et cetera. Autant de signes montrant qu'il était alors en compagnie de son ami Frangin. Il n'y avait de place pour personne d'autre ; ses amis se faisaient systématiquement dire qu'il était trop occupé pour jouer avec eux et ils repartaient la tête basse. Sa mère, vaguement soucieuse, se demandait bien à qui il pouvait parler, mais du moment qu'il ne faisait pas de mauvais coups et qu'il laissait tranquilles ses bégonias – de même que les toiles qu'ils lui inspiraient –, cela pouvait encore aller. Le plus embêtant, c'était quand les voisins lui lançaient un coup d'œil découragé devant ce spectacle, auquel elle répondait par une crise de toux, ce qui s'avérait être un repoussoir efficace. Quant à son père, il ne les entendait pas jouer dans la cour : il ronflait trop fort pour cela. Il est permis de douter que leurs cris effleuraient même la surface de ses rêves.

Vous pouvez fermer vos dictionnaires avec sérénité : en 1936, à quelques rues au nord du centre-ville de Montréal, c'était dans les yeux de Ferdinand F., et nulle part ailleurs, que l'on trouvait la définition la plus précise du bonheur.

CHAPITRE 5

UN JOUR D'AUTOMNE VENTEUX, ALORS QUE LES FEUILLES DES ARBRES, IMITANT LES OISEAUX, S'ENVOLAIENT EN GRANDE QUANTITÉ VERS LE SUD, l'institutrice pria les élèves de sa classe d'accueillir Georges Foisy, un nouveau venu dont le père était un diplomate canadien à la Société des Nations, à Genève. Personne ne savait à quoi ressemblait un diplomate – personne, sauf Ferdinand F. –, mais comme Georges Foisy était bronzé, on en conclut que son père devait avoir affaire, de près ou de loin, avec le soleil. Ce n'était pas faux.

Avec beaucoup d'assurance, le garçon se présenta à la classe. Il raconta en détail ses voyages à travers le monde, les capitales qu'il avait habitées en compagnie de ses parents, les mets exotiques qu'il avait mangés dans des assiettes aux formes inédites, les animaux étranges qu'il avait caressés sous ces latitudes, et je ne sais quoi encore. En regardant ses mains, certains éprouvaient la curieuse sensation de toucher eux-mêmes un yak, un koala, voire un tapir. Son bec-de-lièvre qui, en temps normal, lui aurait valu dans la minute un surnom désobligeant, pratiquement indécollable, prenait chez ses condisciples une dimension quasi héroïque, puisque l'on n'écartait pas la possibilité qu'il ne s'agisse là de l'œuvre de la patte d'un tigre – un tigre mangeur d'hommes, à part ça. On s'accrochait à ses lèvres avec d'autant plus d'admiration et de ferveur. L'écouter parler était comme voyager sur un paquebot transatlantique et, si l'on fermait les yeux assez longtemps, on pouvait entendre les vagues venir heurter les fenêtres de l'école. Tous tombèrent sous le charme de Georges Foisy. Tous, sauf Ferdinand F.

Pourquoi ? Parce que Georges Foisy était tout ce que Ferdinand F. rêvait d'être. Il avait vu tout ce que lui-même rêvait de voir, mais sans jamais pouvoir aller plus loin que la dernière page de son vieil atlas élimé. À vrai dire, il semblait sortir directement d'un roman, promis à une destinée des plus heureuses – de fait, il deviendrait un écrivain célèbre, doublé d'un pilote de brousse hors pair –, capable de tous les prodiges. Bien mis, cultivé, il était d'une gentillesse exemplaire qui lui donnerait, lorsqu'il le désirerait, le passe-partout du cœur de n'importe quelle fille. Oui, il inspirait le respect, et c'est tout juste si l'institutrice ne le vouvoya pas lorsqu'il regagna son pupitre.

Mort de jalousie, Ferdinand F. avait eu beaucoup de mal à se concentrer cette journée-là, a fortiori parce que Georges Foisy s'était vu attribuer un pupitre à côté du sien. Il le bouda, malgré les nombreuses perches amicales tendues par ce dernier, qui cherchait visiblement à nouer contact avec lui. Mais Ferdinand F. ne cessait de penser à ses parents : avaient-ils déjà entrepris un plus long voyage que celui d'aller de la cuisine à la salle à manger ? ou du salon à la salle de bain ? Possédaient-ils ne serait-ce qu'une minuscule valise, au cas où il leur viendrait l'envie d'entamer un voyage au sous-sol ? Pff ! La vie était trop injuste.

Heureusement, il y avait Frangin, à qui il raconterait tout à la sortie de l'école. Lui le comprendrait, lui ne le jugerait pas de détester le fils trop bavard d'un diplomate à coup sûr corrompu. Ferdinand F. méprisait les élèves de ne pas sentir l'odeur de vernis bon marché émanant de Georges Foisy. Quel mérite y avait-il à prendre les mêmes bateaux, les mêmes trains et les mêmes voitures de luxe, à manger les mêmes mets raffinés aux mêmes heures que ses parents ? Quel mérite, arguait-il en lui-même, à être trimballé d'un pays à l'autre comme une lettre que personne n'attend ? Absolument aucun mérite. En somme, il n'était qu'un bagage supplémentaire. Ce Georges Foisy devait se taire. Il avait beau avoir fait le tour du monde gratuitement, ce n'était pas une raison pour venir lui rappeler, par sa simple existence, que ses rêves à lui n'étaient, au fond, que des brouillons de rêves.

Quand la cloche sonna, il quitta la classe sans demander son reste, bien décidé à s'éloigner de son voisin de pupitre, dont la force d'attraction n'était pas sans rappeler celle d'un aimant ; en dépit de leurs intérêts communs, il avait résolu de placer cet aimant à l'envers, pour éviter tout contact, ce qui justifiait le regard d'une dure noirceur qu'il lui jeta. Georges Foisy en vacilla. Puis Ferdinand F., satisfait, traversa le couloir en vitesse, et il s'en fallut de peu pour qu'il ne manque de faire tomber à la renverse Viateur Phaneuf, le concierge de l'école, qui ne l'avait pas vu arriver, occupé qu'il était à chasser *sa* mouche dans les couloirs – cette satanée mouche qu'il ne parvenait jamais à tuer. Il reprit sa course, s'excusa à la volée au concierge, ce que la mouche ne comprit pas, puisque Ferdinand F., de par sa diversion, venait de lui sauver la vie et d'accomplir sans même le savoir ce qui serait, pendant très longtemps, le plus haut fait d'armes de son existence. N'en déplaise au concierge, qui ne la tuerait pas cette journée-là non plus.

Ce fut le même manège le lendemain, moins la mouche. Pareil le surlendemain et le lendemain du surlendemain. Le calendrier s'amincissait et Ferdinand F. continuait à lever le nez sur le nouveau venu. Remarquez, il n'était pas le seul : Georges Foisy avait beau susciter la curiosité des élèves, l'ébahissement dans certains cas, aucun n'avait encore osé lui adresser la parole.

Je ne peux pas parler pour eux, mais je crois qu'ils avaient l'impression d'être en face d'une statue descendue de son piédestal. On aurait sans doute beaucoup aimé être son ami, être vu à ses côtés, sauf que personne ne se sentait fait de bronze, personne ne croyait avoir un répertoire d'anecdotes comparable au sien. Eux, simples fils de cordonniers, de menuisiers, de livreurs, de mécaniciens, d'ouvriers à la petite semaine, ils étaient intimidés par le fils d'un diplomate, auquel Ferdinand F. lui-même, pourtant le plus apte parmi eux à soutenir la comparaison – son père n'était-il pas, lui aussi, un homme tout-puissant, de l'aveu même de ses camarades, qu'il terrorisait ? –, n'osait pas parler. À leurs yeux, c'était tout dire. Et puis, qui plus est, Georges Foisy ne devait pas faire de longs os parmi eux, puisque l'on écrivait dans les journaux que son père était censé partir en mission en Indochine dans deux mois. Dans ce contexte, à quoi bon devenir ami avec lui ? La perspective d'une carte postale asiatique n'alléchait personne. Son charme s'était entièrement dissipé et, à la récréation, il ne restait que l'institutrice pour parler avec lui sans rougir des merveilles de Madagascar. Sinon, il demeurait seul dans son coin, le nez plongé dans un livre, et à chaque mot qu'il lisait, il prononçait dans sa tête le mot *cloche*, espérant qu'elle vienne vite mettre fin à son supplice. La greffe n'avait pas pris, au grand plaisir de Ferdinand F., intarissable sur le sujet.

Après plusieurs jours de ce régime de silence et d'exclusion imposé à Georges Foisy, Ferdinand F. respirait mieux. Il en était venu à partiellement oublier la présence de son nouveau voisin, notamment en se concentrant sur les croquis d'une nouvelle machine à voyager dans le temps qu'il comptait fabriquer en compagnie de Frangin. Où comptait-il aller et quand ? Je ne sais pas, mais je n'aurais pas été étonné que l'on me révèle qu'il voulait proposer à Frangin de régler la machine sur une date suivant le départ de Georges Foisy ou, s'il se sentait d'humeur plus vindicative, à une date précédant sa naissance. Ou voire après sa mort, qu'il souhaitait rapide dans sa venue et lente dans son accomplissement. Telle était l'étendue de la haine que ressentait Ferdinand F.

Le 26 octobre, les derniers croquis de la machine étaient fraîchement terminés quand la cloche marquant la fin des cours sonna. Ferdinand F. se précipita avec empressement vers la sortie. Ce n'était pas qu'il craignait d'être en retard – quand on sait voyager dans le temps, on n'est jamais en retard –, c'était qu'il avait terriblement hâte de montrer ses croquis à Frangin qui, comme lui, raffolait de ce genre d'expédition. Mais, pour la première fois, Frangin n'était pas près de la clôture, ce qui sema une folle inquiétude en lui. Où pouvait-il se trouver, lui qui était toujours si ponctuel ? Ferdinand F. avait beau siffler, l'appeler par son nom devant les autres élèves, qui ne comprenaient rien à ce cirque, son ami imaginaire demeurait introuvable. Était-ce ses parents qui l'avaient puni ? Non, ce n'était pas possible, il était le seul à pouvoir le voir. Quoi, alors, quoi ?! Peut-être était-il malade ? fiévreux ? à l'article de la mort ? Pas grave, il en prendrait soin, il inventerait les médicaments nécessaires à son traitement et il serait guéri dans le temps de le dire, promis.

Après l'avoir attendu de longues minutes, par acquit de conscience, Ferdinand F., on ne peut plus préoccupé, incapable de se calmer, prit le chemin de la maison. Quelques secondes plus tard, il entendit avec soulagement un cri de joie familier venant de la cour d'école. Il se retourna. Ce qu'il vit lui brisa le cœur en plus de morceaux que ne pouvaient en contenir ses mains : près de la clôture, Frangin lançait des ballons invisibles, tous attrapés par Georges Foisy.

CHAPITRE 6

Après que Frangin l'eut quitté pour mener une existence plus excitante en compagnie de Georges Foisy, la vie de Ferdinand F. ne fut plus jamais la même. Il obtint de ses parents, après une crise de larmes mémorable à laquelle ils ne comprirent rien – avait-il été molesté par le fils fâché d'un client indiscret ? s'interrogea son père, en sueur –, la permission de changer d'école dès le lendemain, même si cela voulait dire marcher des kilomètres de plus à chaque jour. Qu'importe, il aurait des ampoules aux pieds, voilà tout. Là-bas, il refusa de se faire de nouveaux amis, qu'ils soient imaginaires ou non. Ses manières froides et distantes constituèrent un excellent paravent, lui assurant en retour une plus grande froideur et une plus grande distance de la part des autres élèves. Il était servi. On le prit en grippe, et celle-ci dura longtemps.

La boule d'émotion que Ferdinand F. retenait dans sa gorge, sans parvenir à l'expulser ni à l'avaler, se mua progressivement en pomme d'Adam. Sa voix développa des inflexions feutrées qui enrobaient davantage le silence qu'elles ne le déchiraient. Blessé au plus profond de son être par le rejet de Frangin, il devint un jeune homme amer qui détestait lier compagnie avec qui que ce soit, de peur de le perdre. Il préférait le confort de la solitude, de cette solitude dans laquelle il avait baigné des années durant, ne l'interrompant que lorsque qu'il ne pouvait faire autrement. Dehors, il s'arrangeait pour se déplacer de sorte qu'il n'y ait pas d'ombre attachée à lui. Ferdinand F. faisait dorénavant cavalier seul.

Bulletin après bulletin, ses instituteurs fustigeaient son manque criant de motivation, la négligence de ses travaux. En substance, on disait de lui qu'il faisait un usage contestable de son intelligence et qu'il était un dangereux rêvasseur, prompt à la mélancolie et à un mutisme de mauvais aloi qui pourrait lui être fatal en cas de détresse physique. Hormis en arithmétique, ses notes déclinaient, à l'image du soleil qu'il voyait souvent se coucher, en raison des périodes de récupération auxquelles il était contraint d'assister à la fin des journées de cours. Sa mère s'en désolait et son père la réconfortait, mais tous deux en avaient déduit que leur fils, qui autrefois brillait dans la plupart des matières, n'était plus aujourd'hui qu'une épave qui n'avait pas su remplir les promesses placées en lui ; tout le monde ne pouvait pas être capitaine. En l'espace de quelques années, *Passable* tourna à *Peut mieux faire*, et *Peut mieux faire* devint *Insuffisant*, qui lui-même s'effaça lors de sa 11e année scolaire pour laisser la place à un *Très faible* écrit rageusement par l'instituteur. Cette ultime mention, personne ne la lut, car Ferdinand F. était déjà loin de la porte de l'école, marchant d'un pas léger : son sac ne contenait aucun diplôme susceptible de l'alourdir.

Sans diplôme, sans formation, sans emploi, sans but défini dans la vie, Ferdinand F. écumait la ville à la recherche de son destin, les paupières à moitié ouvertes. Il rêvait encore, à temps de plus en plus partiel, de devenir un héros, quelqu'un à qui il arriverait des aventures plus spectaculaires que les vertigineux édifices que l'on construisait alors à New York, Londres, Paris, Tokyo, y poussant le ciel dans ses derniers retranchements. Seulement, à chaque fois qu'il levait le petit doigt pour faire quelque chose qui le mènerait vers l'une de ces villes, le reste de sa main s'empressait de le rabattre. Sa vie devenait lisse, sans risque, et, mine de rien, il vieillissait : on dépassait les 6 000 jours. Toutes les excuses étaient bonnes pour ne pas entreprendre quoi que ce soit d'audacieux, pour refuser un boulot. À commencer par son excuse préférée, l'absence de cape parmi les vêtements de travail utilisés. Mais entre vous et moi, même si on lui avait tendu tout le tissu nécessaire à la création de celle-ci, qu'on lui avait gentiment donné le nom et l'adresse de la meilleure couturière du coin et – ne regardons pas à la dépense – l'argent pour la payer grassement, il n'est pas sûr qu'il aurait fait confectionner une cape, tant Ferdinand F. aspirait à ne plus rien tenter de périlleux, se contentant de respirer par les deux orifices nasaux prévus à cet effet. Il se laissait porter par cette vague qui nous saisit à la naissance et qui, si l'on n'y prend garde, nous dépose des décennies plus tard au même endroit sur la rive, moins changé que l'eau autour de nous. Comme tant d'êtres humains avant lui, qui eux non plus n'avaient pas été des héros et qui dormaient tranquillement au cimetière, tous couchés dans la même position.

Quelques années plus tard, en 1944, ce n'était pas une cape qu'il devait enfiler, mais plutôt un uniforme. Lors de la Seconde Guerre mondiale, Ferdinand F. fut, en raison de son âge, et parce qu'il était célibataire, obligé de s'enrôler dans l'armée canadienne. C'était la conscription. S'il tremblait intérieurement à l'idée de faire face au feu de l'ennemi, de mourir dans une langue étrangère sur un champ de bataille à 20 ans, une partie de lui – une minuscule partie de lui – se réjouissait à l'idée qu'il allait enfin voyager et, terrifiante espérance, peut-être devenir un héros de guerre. Ou, à tout le moins, celui qui raserait la répugnante moustache d'Adolf Hitler. Mais par un risible concours de circonstances, pendant que des millions d'hommes mouraient sans avoir eu la chance de se laver avec du savon et de l'eau chaude pour arriver propres aux portes du paradis, la mission la plus dangereuse de Ferdinand F. fut d'allumer quotidiennement le feu sous la marmite de l'adjoint au cuisinier, celui du bataillon des réservistes, resté au pays. Pas de balle à esquiver, pas de bombe à lancer du haut d'un bombardier. En fait, quiconque lisait les journaux à cette époque voyait plus d'action que lui.

Ferdinand F. revint à la maison – sans surprise, il habitait toujours chez ses parents – sans une égratignure, ce dont il était à la fois soulagé, mais quelque peu honteux. S'inventant de multiples problèmes de santé, il avait pu éviter toute mutation à des postes considérés comme dangereux. Il n'en avait évidemment rien dit à ses parents. Pire, on ne lui avait décerné aucune médaille, contrairement à beaucoup de soldats originaires du quartier. Et, pour ne rien arranger, il avait, comme tout le monde, entendu parler des exploits de Georges Foisy qui, au volant de son bolide, avait abattu plusieurs avions allemands. Ses parents l'accueillirent avec plaisir, mais non pas sans un certain embarras à l'idée que les voisins apprennent qu'il ne s'était pas battu une seule fois. On s'entendit, à mots couverts, pour qu'il modifie son récit. Il ne se fit pas prier, mes amis. Il le modifia si bien qu'à l'heure du coucher, n'eût été du miroir au-dessus de la tête de son lit, on aurait pu jurer que c'était le général de Gaulle qui débarquait dans sa chambre, à deux pantoufles et un pyjama près.

Léger détail : le général n'était pas encore président de la République française – patience, patience, il n'accéderait à ce poste qu'en 1959. Entre-temps, il fallait occuper son sosie autoproclamé, fût-il nommé Ferdinand F., roi des ex-rêveurs sans le sou. Ses parents l'incitèrent donc à mettre en veilleuse sa carrière d'affabulateur et à trouver un emploi. Il essaya du bout des lèvres. Ce fut un échec. On brandit la menace de le mettre à la rue. Il essaya plus fort ; il ne tomba que de plus haut. Était-ce sa timidité maladive devant des patrons, sa voix de bibliothèque, son allure peu engageante, ou sa manie de manger comme une pomme des oignons crus, ce qui éloignait le médecin et, dans son sillage, l'écrasante majorité des gens qu'il approchait ? Et si c'était tout bonnement son manque d'expérience ? son absence de curiosité pour les choses pratiques ? Son père, las de toutes ces questions, trancha. Il décida de le prendre à ses côtés comme assistant. Il ne rajeunissait pas, et le stress engendré par ses affaires l'avait usé prématurément. Il décréta que la présence de Ferdinand F. lui serait bénéfique, car elle réduirait et les risques liés à son travail et la paperasse. De plus, il pourrait tirer parti de la formidable mémoire de son fils. Au salaire de son nouvel assistant, il n'ôterait que la nourriture, les frais de chauffage, un petit loyer, ce qui, au bout du compte, lui laisserait, bah, un ou deux dollars par semaine. Les bonnes semaines. « En attendant le reste, mon fils. Tu ne t'en doutes pas, mais tu travailles pour ton avenir. »

Ses tâches étaient assez simples. Il devait quitter le bureau lorsqu'un visiteur entrait, puis y revenir au départ de ce dernier pour mémoriser une série de chiffres que lui dicterait son père, avant d'aller jeter dans la fournaise la feuille sur laquelle ces chiffres étaient inscrits. Il ne mourrait pas à l'ouvrage, se dit-il pour se rassurer. Son père avait émis deux consignes à respecter : ne pas chercher à comprendre et ne souffler mot à personne de cette occupation. Si on lui posait la question, son père était comptable, point. Ferdinand F. s'acquitta parfaitement des tâches comme des consignes, même si la langue lui démangeait. Le temps se chargea de la noyer dans sa propre salive, ce qui mit fin à ses velléités de comprendre les obscurs desseins du monde. Bientôt les jours se ressemblèrent tous, remplis de récitations de colonnes de chiffres et de siestes après le souper. Les questions disparurent une à une et les années passèrent, vaseuses.

Vers ses 38 ans, Ferdinand F. eut toutefois un soubresaut.

Assis sur une chaise dans le couloir de la maison, tandis que dans le bureau un homme aux bras inhospitaliers conversait vigoureusement avec son père, il calcula le nombre effarant de jours qui s'étaient écoulés depuis son retour de la guerre. Que 6 000 jours supplémentaires aient pu prendre la direction des livres d'histoire sans qu'il ait eu le temps de les saluer correctement représentait pour lui un mystère. Un mystère angoissant. Quel jugement aurait porté sur lui le jeune Ferdinand F. ? S'il continuait à vivre de ce sommeil-là, il ne faudrait surtout pas venir protester lorsque le croque-mort passerait prendre les mesures pour fabriquer son cercueil – « Ne bougez plus, mon brave, vous m'empêchez de faire mon travail. »

Il décida de tenter quelque chose afin de secouer la torpeur dans laquelle il s'était enlisé. Il ignorait quoi, mais crut qu'on lui enverrait un signe, un colis, un mouchoir abandonné par terre, un livre oublié sur un banc de parc, n'importe quoi capable de déclencher son futur. Une heure plus tard, au marché, près d'un étalage d'épices et de fines herbes, il vit le signe espéré : collée à un lampadaire, une annonce pour un cours de musique dans un studio local. Et pourquoi pas ? Ferdinand F. s'inscrivit. Lorsqu'il dut choisir un instrument, il opta pour la batterie, parce qu'il avait trop peur de s'électrocuter s'il plaquait ses mains sur les cordes d'une guitare électrique. Quoi que vous en disiez, il fit là un excellent choix.

Les premiers cours furent déconcertants. Il n'était pas familier avec la musique et confondait régulièrement des notions de base. Pratique aidant, il progressa de façon significative lorsqu'il comprit qu'il n'avait qu'à marquer le rythme en comptant les temps dans sa tête ; facile, il suffisait de remplacer les pinceaux de sa mère par des baguettes et l'on obtenait de la musique à numéros. Ferdinand F. franchit ce cap les yeux fermés. On le surnomma rapidement *le Métronome*.

Il n'était pas fou de ce passe-temps, notez bien. Si cela changeait le mal de place, son destin, lui, ne bougeait pas d'un poil. Caché derrière une forêt de caisses, tambours, cymbales, il n'était, à son avis, pas mieux qu'un cœur enfoui dans la poitrine, battant le pouls des orchestres plus ou moins tuberculeux installés devant lui. Quelle gloire à répéter les allées et venues d'un muscle inhabité ? N'empêche : en l'espace de trois mois il devint extraordinairement bon, au point que son professeur l'enregistra à son insu. Le ruban fut envoyé, avec les coordonnées téléphoniques de Ferdinand F., à un ami qui travaillait pour une compagnie de disques, située outremer. Il voulait avoir son avis. L'ami du professeur, stupéfait par le talent de ce batteur inconnu, en fit des copies qu'il partagea autour de lui. En quelques semaines, la rumeur se répandit à travers le monde de la musique, sans que Ferdinand F. ne sache rien de cet embryon de célébrité.

Un soir de l'été 1962, alors qu'il était absent, errant dans les ruelles comme un chien à la recherche de sa queue, le téléphone sonna chez ses parents. Ne vous y trompez pas, cette sonnerie n'avait rien d'ordinaire : c'était celle du destin. Sa mère, qui désherbait dans le jardin, déboula dans la cuisine pour s'emparer du combiné avant que la sonnerie ne réveille son mari, dont le destin premier était de faire sa sieste jusqu'au bout. Comme elle ne parlait pas un traître mot d'anglais, elle ne comprit rien de ce qu'on lui disait à propos de « Ferdie the Metronome ! » et raccrocha subitement, à la stupéfaction des trois musiciens, à l'autre bout du fil, qui cherchaient un batteur pour remplacer le leur au sein de leur groupe. Ils réessayèrent quelques minutes plus tard, mais ils eurent droit à la même médecine. Quand Ferdinand F. rentra, elle ne jugea pas bon de lui raconter l'incident.

Quelques jours plus tard, à la suite de l'incendie criminel du studio où il jouait avec un désintérêt grandissant, Ferdinand F. abandonna la batterie. Au vif soulagement de Ringo Starr, dit-on.

CHAPITRE 7

FERDINAND F. REVENAIT À PIED DE CHEZ LE QUINCAILLIER. Trois ans auparavant, en 1963, l'assassinat de John F. Kennedy avait fini de le convaincre de ne plus jamais, au grand jamais, conduire la Ford Fairlane 500 Skyliner de son père, une automobile décapotable – sa méfiance envers les autos remontait à plus loin encore, soit au 19 juin 1960, jour funeste où le pilote britannique Alan Stacey était décédé sur piste, à la suite d'une collision en plein visage avec un oiseau de nationalité belge.

La conjugaison de ces deux événements expliquait pourquoi l'on pouvait régulièrement voir un homme arpenter Montréal d'un pas effarouché, les bras remplis de paquets, le souffle court, la peau moite, guettant d'un œil anxieux les oiseaux en proie au vertige. Qu'il ait également contemplé la possibilité de porter sur lui un aimant surpuissant capable de faire dévier les balles de leur trajectoire n'est pas à exclure. Mais trêve de projectiles : personne – j'inclus les oiseaux – n'aurait envisagé d'attenter à sa vie, sauf dans le cinéma de sa tête, dont il était l'unique spectateur.

Ferdinand F. revenait donc à pied de chez le quincaillier. Il avait les mains pleines de pots de peinture et les yeux éteints, ne croyant plus aux signes, ne croyant plus à la page qui suit celle que l'on tourne, ne croyant plus qu'à la lente dissolution de son être dans l'oubli, lorsqu'il croisa une femme dont le visage, magnifique il est vrai, le bouleversa. Il en déposa ses pots de peinture sur le trottoir. La maison qu'il fallait repeindre au complet, ses parents assis sur le balcon et discutant des crises d'hémorroïdes de l'oncle de la voisine, les rires forcés à insérer à la fin de blagues aussi vieilles que ses oreilles, pour une fois, tout cela attendrait. Et il partit à la poursuite de cette femme dont il voulait absolument connaître le nom avant la tombée de la nuit, avant qu'elle ne se fonde, peut-être, parmi les autres étoiles.

Il n'avait pas réfléchi à ce qu'il allait lui dire, car l'adrénaline possède tout un lexique à soi, à la fois maladroit et charmant, gorgé d'approximations, de balbutiements, d'indomptables fulgurances, et cette spontanéité sert parfois mieux les lèvres des amoureux en devenir que d'appeler à la rescousse, entre deux frissons de nervosité, les mots éprouvés de William Shakespeare – ou de son équipe d'écrivains fantômes. Arrivé à la hauteur de l'inconnue, Ferdinand F. prit son peu de courage à deux mains et lui demanda, d'une voix chevrotante d'agneau enrhumé qui ne s'était jamais risqué à aborder une femme, si elle avait une minute à lui accorder. Elle s'arrêta avec élégance, puis rajusta son chapeau, consciente de son effet. Elle tourna la tête et lui sourit de chacune de ses dents blanches, exactement comme on sourit à un dentiste à la fin d'un rendez-vous, et dit, sans doute pour contrebalancer la fadeur de la phrase d'approche : « À la condition que vous ne le disiez pas à mon père : il est horloger. »

Notre vieux garçon était conquis.

Joséphine Francœur. C'était le nom de celle qui provoquait pareil boucan dans le cœur jusqu'alors condamné de Ferdinand F. Ses yeux n'étaient pas en reste. Si l'on examinait Joséphine de la tête aux pieds, ce que Ferdinand F. faisait à la dérobée, moins par respect des bienséances que par le sentiment qu'il pourrait défaillir s'il la regardait trop longuement, on était d'abord frappé par ses cheveux roux bouclés qui éclaboussaient son visage si particulier. Regardez-le, ce visage traversé de poèmes : taillé au couteau – un couteau à confiture, et de la meilleure –, les pommettes hautes, le front robuste et saillant, l'air de dire « il faut une forteresse pour protéger une telle intelligence », des yeux d'un bleu à prendre le relais du ciel à la tombée du jour avec, dans la pupille, quelque chose du chat se réveillant après un rêve garni à souhait de souris dodues ; plus bas, un nez parfaitement triangulaire, adorable miracle de géomètre, des lèvres radieuses qu'aucun vent d'hiver ne semblait pouvoir gercer, de même qu'un menton relativement pointu – presque le triangle inversé de son nez – indiquant aux regards hésitants où se diriger ensuite. Couronne sous sa tête, son corps assumé, son corps généreux que l'on devinait encore plus affriolant sous le tissu moulant de sa robe, éveilla chez Ferdinand F. toutes les parties de son anatomie.

Son âge ? son occupation ? ses opinions politiques ? Vous apprendrez qu'un véritable gentleman ne pose pas ce genre de questions à une demoiselle dès le deuxième paragraphe suivant sa rencontre. Ferdinand F. aurait l'occasion de poser ces questions à Joséphine en temps et lieu. Parce que ces deux-là, je vous le donne en mille, devaient se revoir plus d'une fois après cette première rencontre, qui ne dura que quelques petites minutes, mais laissa chez tous deux la durable impression que l'éternité, sans tambour ni trompette, venait de commencer.

Ferdinand F. et Joséphine se revirent au parc, au cinéma, au ciné-parc – rassurez-vous, c'est elle qui conduisait –, au théâtre, au marché, au restaurant, au port, à la piscine, dans des cafés, bars, librairies, animaleries, salons de quilles, magasins, musées, arénas ; ils se revirent dans tous les lieux où les amoureux étaient admis sur simple présentation de leur bonheur. Ils épuisèrent les bonnes adresses du bottin téléphonique et, à croire qu'il n'y avait qu'eux qui y habitaient, ils tapissèrent Montréal de tellement d'empreintes de pas qu'à la fin, dès qu'il y avait un cambriolage dans un coin de la ville, ils auraient pu devenir automatiquement les suspects numéro un des policiers qui ne connaissaient rien aux jeux de l'amour.

Si toutes ces sorties ne devaient prouver qu'une seule chose, c'est que les contraires s'attirent. Joséphine était, à plusieurs égards, complètement différente de Ferdinand F. Alors qu'il était pantouflard, craintif et facilement effrayé par le cri des grillons, elle se voulait une femme curieuse du nom des nuages, un perpétuel courant d'air qui ne cessait de se mêler à la rumeur du monde, dont elle était le prolongement. Elle pouvait vous raconter, avec un luxe de détails prodigieux et comiques, tout ce qui s'était passé entre sa naissance et le coucher de soleil le plus récent. Avec elle, on ne s'ennuyait jamais, ce qui plaisait énormément à Ferdinand F., lui dont la vie était dépourvue d'excentricité. Mais Joséphine n'était pas qu'excentricité ; elle était aussi ce lien avec le monde extérieur qui faisait cruellement défaut à Ferdinand F. Féministe avant la lettre, militante au sein du Rassemblement pour l'indépendance nationale, athée décomplexée de surcroît, Joséphine portait en elle tous les enjeux qui agitaient la société québécoise depuis les débuts de la Révolution tranquille. Si vous me permettez ce jeu de mots, j'irais jusqu'à dire que les préoccupations sociales de cette fille d'horloger donnaient l'heure juste sur son époque.

Sous la bienveillante influence de Joséphine, Ferdinand F. se déboucha les tympans. Il entendit les questions brûlantes qui résonnaient dans tous les foyers en Amérique du Nord, à l'exception notable d'une froide maison en briques sur l'île de Montréal dont il avait le malheur de posséder un double de la clé. Il se mit à lire des ouvrages sérieux écrits par des hommes de plus en plus barbus ; dès qu'il en terminait un, il s'empressait d'aller en emprunter un autre à la bibliothèque où travaillait Joséphine – à titre de bibliothécaire –, à la fois pour l'impressionner et pour le plaisir secret de la voir tamponner avec vigueur la carte de retour, comme si elle marquait de son empreinte son territoire : lui. Il adhéra à des organisations de défense des droits civiques, et participa même à une manifestation en appui aux syndicats, non sans avoir préalablement rempli sa chemise de coussins solidement attachés à sa taille, au cas où les forces de l'ordre voudraient jouer de la matraque sur son ventre. Le jeu en valut la chandelle, car c'est ce jour-là, au beau milieu d'une foule en colère, parmi les pancartes et le cri rauque des slogans, que les lèvres de Joséphine décidèrent de réduire à néant l'espace qui les avait toujours séparées de celles de Ferdinand F. C'était son premier baiser à vie. Et même si ce baiser n'avait pas été son premier, il le serait devenu tant la langue de Joséphine balaya adroitement le passé, sa fine couche d'amertume.

Les deux tourtereaux se fréquentèrent pendant encore plusieurs mois, au grand dam des parents de Ferdinand F., qui ne trouvaient pas raisonnable que leur fils se soit épris d'une telle femme, qui pis était « une dangereuse espionne soviétique à la solde des communistes chinois ». Cela ne pouvait que mal finir, selon eux. « Calculs à l'appui !», clamait son père, frustré par les erreurs d'inattention que commettait son fils au travail et attribuables, selon lui, à une « amourantite aiguë ».

N'étant pas médecin, je ne peux malheureusement pas confirmer ce diagnostic. Ce qui est certain, c'est que Ferdinand F. était amoureux, oui, très amoureux. Il aurait voulu que le temps se fige et que le cours des choses reste toujours ainsi : beau, régulier, parfait. En un sens, Ferdinand F. était – et demeurerait à jamais – un adolescent nageant à l'intérieur d'un corps d'adulte. Ses émois étaient ceux d'un garçon découvrant l'amour, désireux de collectionner chaque luciole venant en sa direction.

Au début, cela plaisait à Joséphine, cette naïveté devant tout, la capacité qu'il avait de transformer en spectacle de magie le plus infime flocon de neige se déposant sur sa joue, mais, à la longue, elle se lassa d'autant d'étincelles dispersées par le vent, ne souhaitant rien de plus que la chaleur d'un bon feu, aux flammes hautes et franches. Elle voulait s'engager, se marier civilement, avoir des enfants qui dormiraient dans une maison construite de leurs quatre mains, être l'égale moitié d'un homme qui était prêt à redéfinir, avec elle, le couple. Mais la grande demande ne venait pas. Quand Ferdinand F. parlait avec le père de Joséphine, ce n'était jamais pour lui demander la main de sa fille, mais chaque fois pour discuter de celles, plus agiles, d'Yvan Cournoyer, le meilleur buteur du Canadien cette saison-là. Aussi décida-t-elle de prendre les rênes, car son amoureux avait beau porter des souliers en cuir, c'était visiblement des souliers en cuir de tortue. Le matin du 12 mars 1967, Joséphine brisa deux règles : elle mit fin au silence de marbre qui régnait dans les rayons de la bibliothèque et *elle* lui fit la grande demande.

Je ne sais pas comment vous le dire, et je crois que Ferdinand F. aurait eu plus de mal que moi à vous l'expliquer, mais ce matin du 12 mars 1967, dans l'allée des livres consacrés aux récits de voyage, quelque chose se cassa en lui, et par cette fissure remonta à la surface un poison familier que l'amour patient de Joséphine avait su, croyait-il et croyait-elle, assécher complètement. Seulement... À la pensée qu'il était à un mot près d'être un homme marié, un adulte portant une bague à l'annulaire de la main gauche, un père condamné à subvenir aux besoins de sa famille, une peur irrationnelle s'empara de lui et ne le quitta plus. Était-il fait de cette étoffe dont il ne connaissait pas le nom et la couleur et la taille et le prix ? Tout ce qu'il voyait dans sa tête, qui tournait d'une peur à l'autre, c'était son jonc de mariage, déposé négligemment sur la table de chevet avant de se coucher. Au matin, il s'imaginait découvrir au pied du lit un de ses futurs enfants, mort étouffé par la bague ; l'enfant l'aurait mis dans sa bouche, pour jouer. Il se voyait éclater en larmes, inconsolable, à plus forte raison parce que sa Joséphine, déçue par leur vie sexuelle, l'aurait quitté à l'aube pour un autre homme, lui laissant les meubles et les enfants. Non, c'était trop risqué, il valait mieux lui chuchoter non, la tête basse. Et s'enfuir le plus loin possible avec ses vieux démons.

Ce qu'il fit, tandis que Joséphine entamait son douloureux voyage vers le sol. N'allez pas croire que Ferdinand F. n'était pas bouleversé : il sanglotait, conscient de rater la plus belle des opportunités que la vie lui avait offerte à ce jour. Il s'en voulait d'infliger un tel chagrin à Joséphine, qui méritait mieux que cela. Mais il était trop pétri de peur, incapable de faire un pas en avant sans songer à la falaise. Il en était sûr, ce n'était pas la peine d'en discuter, la main de Joséphine n'aurait pas suffi à l'aider à garder l'équilibre, à ne pas tomber. Il rentra en courant chez lui, profita de ce que ses parents étaient en visite chez un de ses oncles, boucla sa valise, mit ses romans dans une boîte, laissa une lettre d'adieu sur la table de la cuisine, et partit vers une vie où il espérait être quelqu'un d'autre que Ferdinand F., 42 ans, personnage secondaire de sa propre vie.

Ferdinand F. dénicha un petit appartement à l'extérieur de Montréal, dans une ville sans histoire dont les rues suffisaient à la plupart de ses habitants. Là-bas, il adopta le nom de famille sous lequel vous et moi le connaissons et changea quelque peu son apparence pour ne pas être reconnu. Il ne donna de ses nouvelles à personne et personne ne le retrouva.

De temps à autre, il lui arrivait d'avoir une pensée coupable pour ses vieux parents, pensée qu'il dissipait aussitôt à renfort de tâches ménagères ; il vous aurait fallu vous lever très tôt et enfiler vos meilleurs souliers de marche pour espérer trouver dans les maisons sur votre route un évier mieux récuré que le sien. Cependant, ces tâches avaient leurs limites, comme en attestaient ses difficultés à chasser le souvenir entêtant de Joséphine-le-fantôme, qu'il soit à quatre pattes en train de laver le plancher, tuile par tuile, ou debout à frotter si frénétiquement les fenêtres avec son chiffon mouillé que le paysage empestait à tout coup le nettoyant. Dans ces moments, il était envahi par l'angoisse qu'elle ait / qu'elle n'ait pas refait sa vie, ne sachant pas lequel était le plus troublant entre ces deux cas de figure – Ferdinand F. l'ignorait encore, mais je peux bien vous le confier à vous, puisque vous insistez : Joséphine Francœur referait sa vie avec Paul Vaillancourt, un commis aux prêts qui l'avait retrouvée étendue sur le sol le matin du 12 mars, un collègue qui avait soigné délicatement l'entaille sur son front, un ami qui, dans les mois suivants, ferait disparaître l'ecchymose qui lézardait son cœur, en la consolant avec tendresse ; deux années plus tard, Paul Vaillancourt serait le mari qui deviendrait, promotion suprême, le père de son premier enfant, une fille de huit livres prénommée Sophie.

Pour égayer son appartement, Ferdinand F. avait peint tous les plafonds en bleu. Ces ciels bleus piqués d'une ampoule de 100 watts créaient l'illusion qu'il faisait toujours soleil, y compris la nuit. Comme les jours étaient démesurément longs et que ses économies commençaient à valoir moins que la tirelire qui les contenait, il avait dû se trouver un travail dans une usine de la région. Ce n'était pas sorcier : il s'assurait que chaque boîte de conserve soit remplie jusqu'à un niveau x de soupe poulet et nouilles avant qu'un bras mécanique ne pose le couvercle qui la scellerait. Si ce n'était pas le cas, il devait arrêter temporairement l'opération et, à l'aide d'un récipient gradué stérile, verser la quantité manquante, puis remettre en marche le bras mécanique jusqu'à la prochaine erreur – durant une semaine normale, les erreurs se comptaient sur les doigts d'une main, ce qui faisait qu'il pouvait s'asseoir confortablement sur l'autre. Ce n'était pas un travail passionnant, Ferdinand F. en avait conscience, mais cela lui rapportait assez d'argent pour qu'il puisse payer son loyer et ses factures, acheter de la nourriture et contempler l'acquisition non pas de romans d'aventures ou d'essais sociopolitiques – finie la lecture, la solitude qu'elle supposait lui pesant encore plus dans son royaume solitaire –, mais d'une de ces nouvelles machines à bonheur qui promettaient mer et monde à leurs heureux propriétaires, pour peu qu'ils se satisfassent de deux chaînes diffusant la majorité de leurs émissions à partir de studios faits de décors en carton et en papier mâché.

C'est le 24 juillet 1967 que Ferdinand F. étrenna avec fierté son téléviseur couleur, acheté à crédit. Assis sur le divan, seul dans le salon, il entendit celui qu'il avait déjà rêvé d'être, le général Charles de Gaulle, prononcer du balcon de l'hôtel de ville de Montréal son célèbre « Vive le Québec libre ! » La phrase, au-delà du plaisir initial qu'elle lui procura, lui rappela, dès la seconde suivante, le parfum inimitable de cerise de la femme avec laquelle il avait rêvé d'être présent lorsque l'on ouvrirait les portes de ce pays qui s'ébauchait à voix basse – pays qui, pareil à lui, ne trouverait jamais l'envie suffisante pour aller au bout de son destin, comme il le constaterait amèrement lors des référendums de 1980 et 1995, les yeux en berne. Sauf votre respect, monsieur de Gaulle, le deuil de Joséphine serait plus long que votre discours, à l'image de l'impossible deuil de Frangin, l'autre noyau de cerise resté pris dans la gorge de Ferdinand F. Il éteignit.

Il rallumerait le téléviseur plus souvent qu'à son tour ; pas une soirée sans qu'il n'invite cet ami, qui ne le jugeait pas, à lui raconter sa journée, plus palpitante que la sienne. Le bonheur ne débarquait pas pour autant chez lui, mais ces heures passées devant l'écran lui offraient l'équivalent d'une longue pause commerciale entre deux épisodes dépressifs. Par contre, pour que l'effet anesthésiant fonctionne à fond, les émissions choisies ne comportaient aucune scène amoureuse, ni de personnages ayant raté leur existence.

En dépit de ce filtre sévère appliqué à la programmation de Radio-Canada et de Télé-Métropole, il n'était pas rare que Ferdinand F. se fasse piéger par des scénaristes à la plume imprévisible ou par la simple actualité. J'en veux pour preuve le 21 juillet 1969, date où il vit le premier homme marcher sur la Lune. Ce soir-là, pendant que des millions de téléspectateurs retenaient leur souffle comme s'ils marchaient eux-mêmes sur la Lune sans combinaison spatiale, il fit une crise d'aigreur. Il envia Neil Armstrong comme il avait jadis envié Georges Foisy. L'œil mauvais, c'est tout juste s'il ne l'insulta pas. Enfant, combien de fois s'était-il imaginé foulant le premier le sol lunaire après un voyage dans une fusée de sa création ? Il regarda Armstrong, rejoint par Buzz Aldrin, gambader sur la Lune comme des gamins.

Puis son cœur se serra lorsqu'il se prit à penser au troisième astronaute, celui dont tout le monde oublierait le nom, celui qui avait parcouru autant de centaines de milliers de kilomètres que ses deux collègues, mais à qui l'on refusait quelques pas de plus, afin qu'il reste dans le module de commandement. Celui qui, devant la boutique de bonbons, se verrait interdire le simple plaisir de toucher à la vitrine, alors qu'à l'intérieur Armstrong et Aldrin pourraient s'empiffrer à s'en rendre malades. C'était une bonne chose qu'il ne fût pas devenu astronaute, car Ferdinand F. en avait la conviction : il aurait été ce Michael Collins, celui que tout le monde aurait tôt fait d'oublier dans un des cratères de leur mémoire.

Là-haut dans le ciel, durant quelques heures, il eut un frère jumeau qui n'en sut jamais rien.

CHAPITRE 8

COMMENT RÉAGIR À L'ANNONCE DES RÉSULTATS D'UNE LOTERIE INVERSÉE QUI FAIT DE NOUS UN PERDANT DÉFINITIF, sans *meilleure chance la prochaine fois* parce qu'il ne peut y avoir de prochaine fois ? Comment réagir face à ces morts décomposables jusqu'à notre dernier souffle, et dont désormais nous devrons porter les os pointus dans notre gorge serrée, sous notre peau blanche d'incompréhension, orphelin partout où nous irons ?

Graves questions, auxquelles je n'ai pas de réponse.

Le 17 février 1974, ces mêmes questions se posèrent à Ferdinand F., et il dut y répondre. Car Albert et Jeanne, ses parents, moururent dans un accident d'avion, eux qui, auparavant, n'avaient jamais pris l'avion de leur vie. Encore moins un sous-marin, pensez-vous bien. Je dis un sous-marin parce que l'avion avait fini sa course dans la mer, victime d'un malaise cardiaque du pilote – c'est ce que l'on en déduirait à partir de l'enregistrement sonore de la boîte noire. Cent soixante-douze passagers et membres de l'équipage l'avaient suivi dans sa chute, triste cortège funèbre marchant dans les fonds rocailleux et sans lumière de l'océan Atlantique.

Leur fils ne l'apprit que deux jours plus tard, dans un journal à la texture poisseuse, au restaurant, en regardant distraitement la liste des disparus, alors qu'il attendait avec impatience qu'on lui serve son club sandwich. L'ironie voulut qu'à peine quelques secondes plus tôt Ferdinand F. avait feuilleté la rubrique nécrologique, fidèle en cela à sa récente manie qui consistait à vérifier, par-ci par-là, s'il était lui-même toujours de ce monde ; soulagé de ne pas y trouver sa photo, il en avait conclu que le club sandwich était une dépense justifiée, les vivants ayant, en règle générale, plus d'appétit que les morts. Mais voilà : ses dernières secondes d'innocence s'étaient écoulées sans qu'il s'en rende compte et, pour fausser compagnie à sa faim grandissante, il avait décidé de jeter un coup d'œil aux premières pages du journal, où l'on revenait sur cette affaire du vol SR890. La main gauche appuyée contre la bouteille de ketchup quasiment vide, il découvrit à la lecture du nom de ses parents – sa mère s'était enregistrée sous son nom de jeune fille, ce qui ne laissait planer aucun doute – qu'il était dorénavant le fils de personne.

Ferdinand F., qui n'avait pas repris contact avec ses parents depuis son départ de la maison, réagit comme il le put. Il était pétrifié. Il ne connaissait de la mort que l'obscurité, son insondable nuit qui ne figurait sur aucune des cartes du monde. Que faire ? Fallait-il hurler sa douleur pour mieux s'en libérer ? Devait-il mettre le feu au journal dans l'espoir que des cendres renaisse l'avion ? Comme il aurait aimé à cet instant que quelqu'un lui tienne la main et le guide à l'intérieur de lui-même. Vous, moi, le jeune couple assis dans la banquette à gauche, n'importe qui, mais quelqu'un. Vivre était déjà un défi constant pour Ferdinand F. ; la mort des autres était au-dessus de ses forces.

De modestes larmes montèrent à ses yeux avant de tomber sur la page 3 du journal, où elles allèrent grossir la description du secteur de l'océan Atlantique où s'était abîmé l'avion. S'il pleurait en silence la perte de ses parents, il pleurait aussi de culpabilité. Ferdinand F. se sentait coupable de ne pas avoir redonné signe de vie à temps à ses parents, et d'avoir été l'objet, peut-être bien, de leurs plus folles inquiétudes. Il avait certes fugué à 42 ans, mais ce n'était pas faute de les aimer. Seulement, au-dessus de son club sandwich qui refroidissait, il avait l'impression que sa vie était un échec. Un échec retentissant avec lequel il n'avait pas voulu les accabler, mais dont, paradoxalement, il les tenait responsables. Pourquoi ne l'avaient-ils pas plus encouragé dans l'existence, forcé à acquérir son indépendance, à mettre K.O. ses peurs et à valoriser sa relation avec Joséphine ? Au lieu de cela, Ferdinand F. considérait qu'ils l'avaient retenu tout contre eux, son père profitant de sa tête sans lui faire l'offrande d'un semblant d'explication crédible sur son travail et sa mère remplissant incessamment sa bouche de nourriture sans lui apprendre de recette autre que celle d'ajouter un peu de sa salive aux mets qui lui étaient servis.

La colère le gagna et les larmes devinrent des larmes de rage. Il déposa quelques billets sur la table, se leva et partit. Ce jour-là, la serveuse eut droit au plus gros pourboire de sa carrière, sans comprendre pourquoi, d'autant plus que le client n'avait pratiquement pas touché à son assiette. Ce qu'ignorait cette serveuse, nouvelle dans le métier, c'est que la mort fait quelquefois remonter à la surface toute sorte de souvenirs, d'émotions oubliées, et l'eau s'embrouille alors plus vite que l'on ne peut la boire. Ferdinand F. ne fit pas exception à ce phénomène.

Une heure après avoir quitté le restaurant, essayant par tous les moyens de se calmer, il flâna dans des rues adjacentes dont les trottoirs lui rappelaient des pierres tombales à plat. Le but de sa marche n'était pas précis, mais j'aurais tendance à croire qu'il cherchait à s'éloigner de ses propres pensées. Mal lui en prit. Il se remémora la première sortie – enfin, la première dont il se souvenait – avec ses parents.

C'était une fête foraine. Il n'était pas très vieux, quatre ans tout au plus. Bien sûr, il y avait eu les manèges et les clowns et les friandises et tout ce que vous voudrez, mais ce qui marqua le plus Ferdinand F., cette journée-là, ce fut plutôt la diseuse de bonne aventure. Une femme chauve, affublée de faux sourcils, portant une bague émeraude à chaque doigt de la main, ce qui incluait le pouce. Il se souvint qu'elle avait mis en garde ses parents contre les voyages, les inondations et, si sa mémoire ne lui jouait pas de tour, les policiers. Mais ses parents n'écoutaient que d'une oreille. Quand la diseuse de bonne aventure avait plongé son regard dans sa boule de cristal pour interroger l'avenir du garçon, celle-ci avait craqué, laissant s'écouler un liquide gris, huileux. La femme avait arraché ses sourcils et fui la tente en poussant une série de cris stridents, ce qui avait fait pouffer de rire sa mère et son père, tandis que Ferdinand F., apeuré, mouillait son pantalon blanc. Ses parents n'en avaient ri que davantage.

Force est d'admettre que cette tache emblématique ne s'asséchait pas dans son esprit : elle en recouvrait d'autres. À ce souvenir humiliant, datant de plus de 15 000 jours, il décida, dans un accès de rancœur, qu'il n'assisterait pas aux funérailles de ses parents, ni ne chercherait à entrer en contact avec leur notaire. Pas plus qu'il n'entreprendrait de démarche pour récupérer quoi que ce soit dans leur maison, y compris la maison. Quant à Albert et Jeanne, cure-dents dans l'océan, on ne retrouverait jamais leur corps, ce qui fit dire à Ferdinand F., des années plus tard, lorsque la colère eut fait place à une certaine tendresse confinant à la taquinerie, qu'ils avaient sans doute préféré, dans un ultime acte d'économie, ne pas dépenser inutilement leur argent pour un cercueil. S'il avait su...

Ferdinand F. ne pouvait être plus loin de la réalité : si ses parents se trouvaient dans cet avion-là, qui faisait la liaison Montréal-Genève, c'était pour aller déposer dans un compte bancaire suisse l'argent qu'ils comptaient léguer en héritage à leur fils. Un million de dollars en grosses coupures qu'ils avaient enveloppées de cellophane puis savamment dissimulées dans le faux fond de la cage de leur berger allemand, le bien-nommé Croque-monsieur, afin de ne pas attirer l'attention des douaniers. Un million de dollars qui sommeillait maintenant au fond des mers, à l'abri des regards du fisc, en compagnie du cadavre du chien, à environ 52 degrés de latitude nord et 27 degrés de longitude ouest, attendant les futurs chercheurs de trésors, ou les mâchoires pleines de dents et de convoitise du premier monstre marin venu.

Si vous désirez déposer le livre et vous absenter un moment – que ce soit pour partir à la recherche du million de dollars avant que d'autres lecteurs ne forment le même projet que vous ou pour avaler en vitesse une bouchée –, je vous suggère amicalement de le faire ici. C'est que les prochains paragraphes, à l'image de la vie de Ferdinand F. durant la période concernée (1974-2004), ne contiennent aucune révélation susceptible de faire bifurquer le cours de son histoire. Au mieux, en les lisant, vous pourriez vous apercevoir que la vieillesse le rendait plus attachant, digne d'un bon vin pourrait-on dire, mais également plus figé dans ses habitudes, sa rigidité évoquant la bouteille dudit vin. Rien de passionnant à lire, je le conçois. Si vous tenez malgré tout à poursuivre votre lecture, sachez que je vous aurai averti : nul héros dans la suite de ce chapitre, si ce n'est que le temps qui file.

Justement, et peut-être parce qu'il s'ennuyait trop auprès de Ferdinand F., le temps s'était mis à filer à une vitesse exponentielle après le décès de ses parents. En conséquence de quoi l'homme d'âge mûr devenait, ride par ride, un vieil homme. En dépit des chandelles toujours plus nombreuses sur son gâteau d'anniversaire – qui consistait en un muffin au son les années paires, un muffin aux carottes les impaires –, rien ne changeait dans sa vie, dans sa tête, dans son appartement, dont il était toujours la principale décoration ; vu de loin, on aurait dit un bibelot humain. À quelques détails près, c'était la même routine qui régnait en ces lieux.

Un jour, alors qu'il préparait son bol de céréales du matin, il eut une illumination. Une illumination si évidente qu'il regretta de ne pas l'avoir eue avant 1982. Agrémenter de petits fruits ses céréales, direz-vous, narquoisement ? Non, bien mieux, croyait-il. Ferdinand F., qui avait un autre de ses soubresauts existentiels, voulut provoquer son destin, à n'importe quel prix : il se dirigea dans le salon, y décrocha le miroir, le saisit à bout de bras et le lança. Le miroir – et son reflet – se brisa en plusieurs morceaux. Se souvenant de la superstition entourant les miroirs, il avait fait cela dans l'espoir d'avoir droit à sept ans de malheur. Étrange raisonnement, je vous l'accorde, mais, au moins, ces sept ans de malheur, de douleur, de combats contre l'adversité, d'agitation quotidienne, ce serait quelque chose songeait-il, ce qui était mieux que le rien actuel, combien plus déprimant. Mais au bout de cinq minutes, exaspéré à la vue de ce dégât qui rompait l'harmonie dans le rangement irréprochable de son appartement, il avait ramassé tous les morceaux à mains nus, sans même passer près de s'entailler un doigt. Dès la fin de l'avant-midi, un nouveau miroir trônait dans le salon, deux fois plus haut que le précédent. Pas une goutte de sang ne coula au cours des sept années subséquentes et, en fait de malheur, il n'eut à déplorer que la sinistre répétition de ses jours.

❋
❋ ❋

En 1989, alors que, à la grande surprise du soleil et de bien des gens, tombaient en Allemagne le mur de Berlin et bientôt le bloc communiste, Ferdinand F., âgé de 65 ans, était poussé à la retraite par son patron. Un patron qui avait échangé avec lui un mirobolant total de 4 mots au cours de ses 23 années passées à l'usine. « Où est le contremaître ! ? », lui avait-il lancé un jour, d'un ton furibond qui n'invitait pas à l'hésitation. Ferdinand F. avait pointé une porte à l'autre bout de la salle et ils ne s'étaient plus parlé du reste de sa carrière ; ce ne fut donc pas lui qui lui raconta ce qu'il advint du pauvre contremaître. Quant à ses collègues, plus jeunes, ils ne faisaient pas long feu à l'usine ; le travail qui était le leur était ennuyeux. Enfant, aucun de ces hommes n'avait rêvé de remplir des boîtes de conserve, et cela ne tenait pas à un oreiller défectueux. Pas étonnant que plus Ferdinand F. vieillissait, plus on le regardait tristement, ne voulant rien avoir à faire avec quelqu'un qui avait cru bon de faire de ces murs sa deuxième maison. Car ces murs, contrairement à celui de Berlin, ne tomberaient jamais, tout comme les machines qu'ils renfermaient ne s'arrêteraient jamais, peu importe qui les actionnait. Aussi, c'est sans chagrin particulier qu'il quitta l'usine le jour de sa retraite. Lorsqu'il rentra chez lui, le silence l'attendait, assis dans toutes les pièces.

Bien entendu, il lui arrivait d'avoir envie de compagnie, a fortiori depuis qu'il était retraité. Mais il était maladroit et ne savait plus comment s'y prendre. N'ayant jamais vraiment eu d'ami, il était devant les adultes comme un enfant parlant une autre langue, mais une langue inconnue, dont il était l'unique locuteur : il parlait, en quelque sorte, le Ferdinand F. Ce qui effarouchait les gens qu'il choisissait d'approcher. Pourtant, il avait beaucoup à dire et ses réflexions témoignaient d'une réelle compassion pour les autres. Comme ce jour enfumé de septembre 2001 où il avait eu envie de casser l'écran de son téléviseur pour pouvoir se mêler aux gens, prendre New York dans ses bras et fouiller avec ses mains dans les décombres à la recherche de survivants. Ce soir-là, il avait longuement marché dans les rues, observant par les fenêtres toutes ces familles inquiètes, assises devant leur écran, et il avait l'impression d'être un peu avec eux, sans déranger. Ferdinand F. les berçait dans le creux de son regard, qui allait ensuite s'asseoir à leurs côtés, et lorsque tout le monde avait gagné son lit, cherchant le sommeil dans les plis froids des draps, il était resté là, à monter la garde, seul dans la rue, vigile d'un monde ébranlé.

Vous n'avez pas la berlue : les cheveux de Ferdinand F. étaient maintenant entièrement blancs. Ses « neiges éternelles », comme se plaisait à dire le médecin, qui n'avait jamais rien de grave à lui annoncer. Au grand regret de son patient, d'ailleurs, qui aurait aimé être unique, se payer le luxe d'une maladie rare, disons 1 cas sur 10 milliards, une maladie flambant neuve portant son nom à lui ; ah ! devenir quelqu'un à qui les chercheurs, dans leur laboratoire, auraient serré la main, reconnaissants qu'il leur apporte un peu de travail, pendant que les journalistes auraient fait la file devant chez lui, guettant son retour en ambulance, pour avoir le privilège de l'interviewer. Tant qu'à devoir mourir, aussi bien le faire avec style. Mais non, il était en parfaite santé et le médecin lui disait de revenir l'année prochaine dans le même état de conservation. Il en venait à croire qu'il était unique, que ce n'était pas normal d'être en si bonne santé et, qu'à ce rythme, il pourrait devenir le dernier humain sur Terre, increvable, plus célèbre que Georges Foisy. Il s'imaginait déjà à la une des journaux : FERDINAND F., 10 000 ANS, PLUSIEURS FOIS DOYEN DE L'HUMANITÉ. L'idée lui plut et le sang dans ses veines reprit des couleurs : il ne voyait plus le point au bout de la ligne d'horizon. Survivre à son époque, c'était une forme d'héroïsme comme une autre.

Prévoyant, dès lors, de vivre très, très vieux, il se rendit à l'animalerie et demanda

Check Out Receipt

Main Branch - Children's Services
519-824-6220
www.guelphpl.ca

August 14, 2024 2:49:22 PM
87536

Item: 33281021003915
Title: Splatoon, Volume 9
Call no.: JGN HIN
Due: 2024-08-28

Item: 33281019972352
Title: Splatoon, Vol. 2
Call no.: JGN HIN
Due: 2024-08-28

Item: 33281021498826
Title: Pokemon legends. Arceus
Call no.: VG SWI POK
Due: 2024-08-28

Total items: 3

We are now Fine Free!
Learn more at
www.guelphpl.ca/finefree

l'animal ayant la plus longue espérance de vie. On l'emmena nerveusement dans l'arrière-boutique, après s'être assuré qu'aucun client ne les observait. Moyennant une somme conséquente, il y acheta une tortue géante qui devait vivre une centaine d'années. Ce qui laissait amplement le temps de voir venir. « Un siècle, et c'est un minimum ! », lui avait dit la vendeuse, d'un air entendu. Avant d'ajouter, sous l'œil approbateur du patron : « Mais elle n'est garantie que 30 jours. » Oh, elle n'était pas bavarde cette tortue – c'est la raison pour laquelle il la nomma, par esprit de dérision, Chut ! –, ni particulièrement enjouée, mais Ferdinand F. n'en exigeait pas tant. Sa simple présence à ses côtés lui redonnait le sourire, ce qui valait bien des conversations avec ses contemporains. Il avait quelqu'un sur qui veiller et quelqu'un qui, à sa façon, veillait sur lui. Je veux dire : quelqu'un d'autre que Bernard Derome, l'animateur du *Téléjournal*, le bulletin de nouvelles télévisé de Radio-Canada, avec qui depuis trois décennies, chaque soir avant d'aller se coucher, il discutait de ce qui arrivait aux autres durant le jour. Désormais, si l'envie lui en prenait, il pourrait lui dire : « Raconte-*nous* ta journée, Bernard. »

Était-ce la malchance, l'infortune, la terrible poisse poursuivant Ferdinand F. depuis sa naissance, un pluvieux dimanche d'avril

1924, qui s'exprimait encore ici, alors que la pluie semblait enfin diminuer d'intensité? C'est du moins l'impression que laissa la disparition de Chut!, deux petits mois après son arrivée chez lui.

Une fois le choc initial encaissé et les mauvais souvenirs dissipés, il partit aux trousses de sa tortue, qui avait emprunté la porte patio, oubliée ouverte toute la nuit précédente. Jusqu'où une tortue géante pouvait-elle s'être rendue en seulement quelques heures de cavale? Pas bien loin, espéra-t-il, plein d'optimisme. Ce qu'il ignorait, c'est que Chut!, qui n'était pas une tortue ordinaire, n'en était pas à ses premiers exploits de la sorte – dans sa jeunesse, elle s'était déjà échappée du cirque Barnum, profitant du fait, figurez-vous, que son gardien faisait du tai-chi. Ainsi, malgré des recherches soutenues dans les environs et la promesse d'une généreuse récompense affichée dès le lendemain sur les lampadaires du quartier, Ferdinand F. ne devait jamais la retrouver. À moins, bien sûr, que vous comptiez cette émission spéciale du *Téléjournal* qu'il visionna quelques jours plus tard comme des retrouvailles tout à fait valables.

« *Radio-Canada vient d'apprendre que Chut! la tortue s'est suicidée. Selon les informations dont nous disposons, elle se serait enfuie de chez son maître il y a environ une semaine. Dans la lettre d'adieu dont nous avons obtenu copie, elle évoque sans fard la vie terne à laquelle elle était exposée depuis deux mois déjà. Âgée de 180 ans, elle affirme n'avoir rien vu de tel depuis les sous-vêtements de Charles Darwin séchant sur le bastingage du* Beagle *en 1835, aux îles Galápagos. La mort lui serait apparue comme la seule échappatoire à la vie menée par son maître. C'est en ingurgitant une quantité appréciable de sauce spaghetti préparée par celui-ci qu'elle s'est donné la mort. Rappelons qu'à grande dose la sauce spaghetti de son maître est bien connue dans les milieux gastronomiques comme étant toxique et potentiellement mortelle. Des agents de la faune lourdement équipés ratissent le secteur, mais compte tenu du taux d'acidité de la sauce, il est peu probable que l'on retrouve ne serait-ce que la carapace. Radio-Canada prévoit que, si la tendance se maintient, le maître de Chut ! la tortue, dont le nom nous échappe toujours, sera traduit en justice à la première occasion. Les policiers poursuivent leur enquête. »*

Je peux me tromper, mais Bernard Derome serait sans doute d'accord avec moi pour dire qu'il est dommage que cette version hallucinée du *Téléjournal* n'ait eu qu'un seul téléspectateur, éméché. Parce que s'il y en avait eu d'autres à ses côtés – de préférence sobres –, ils auraient pu le rassurer sur ce qui avait été véritablement dit par l'animateur, lui permettant de savoir à quoi s'en tenir. Au lieu de cela,

Ferdinand F. ressassa pendant des jours cette scène mortifiante qui ne fit qu'aggraver sa douleur et rouvrir la plaie très ancienne que Frangin, le premier, avait gravé dans son cœur.

CHAPITRE 9

AYANT PERDU GOÛT À TOUT CE QUI FAISAIT LA TIMIDE SAVEUR DE SA VIE, FERDINAND F. DEVINT UNE ESPÈCE DE ROBOT QUE L'ON POUVAIT VOIR SORTIR DE CHEZ LUI DEUX FOIS PAR JOUR : une fois pour aller ramasser le journal et le mettre directement dans le bac de récupération, et une autre, après le souper, pour aller marcher dans la forêt. Tous les jours le rituel était immuable. Comme ses vêtements. Il ne lui serait pas venu à l'idée de changer quoi que ce soit. À quoi bon ? Il s'était résigné au fait qu'il était, et pour toujours, un vieil homme, triste et laid, qui avait raté sa vie de A à Z. Un dictionnaire rempli de fautes d'orthographe et de mites, voilà quel était son lot. Ferdinand F. en était convaincu : il ne lui arriverait jamais rien. Cette conviction dans l'apitoiement frôlait le pléonasme. Il avait par ailleurs la pénible impression que tout le monde le savait. Aussi, quand il rentrait de la forêt, il se dirigeait immédiatement vers son lit, sans même saluer Bernard. Et pendant que son dentier sombrait au fond d'un verre en plastique, que la dépression avançait ses pions à la faveur de l'obscurité dans la chambre, il formulait le souhait, sincère, de mourir foudroyé dans son sommeil ou, à défaut, de se réveiller avec autant de résolution que Chut ! en avait eue pour mettre à exécution son plan d'évasion, une année auparavant. Tout cela avait trop duré.

Sur la rue Pagé, c'est-à-dire sur la rue où il habitait, les voisins ne remarquaient plus Ferdinand F. depuis longtemps. Il faut préciser que les rares approches que l'on avait tentées à son endroit, toutes bienveillantes, avaient été repoussées de façon plutôt bourrue ; froissés, les gens en avait pris bonne note et on le laissait tranquille depuis, se contentant de lui jeter à l'occasion un regard, un peu comme un morceau de pain à un pigeon, pour mieux l'éloigner de soi. Ils ne pouvaient pas savoir, eux, que Ferdinand F. avait attendu toute sa vie l'opportunité de se mettre en valeur et que celle-ci, à 81 ans, ne s'était toujours pas présentée. Ils ne pouvaient pas non plus savoir qu'ils avaient affaire à un aspirant héros dont le haut fait était d'avoir sauvé la vie d'une mouche dans le corridor d'une école, il y avait de cela plusieurs décennies. Surtout, ils ne se doutaient pas que Ferdinand F. allait bientôt disparaître sans laisser de traces.

En attendant d'avoir le courage nécessaire pour passer l'arme à gauche, Ferdinand

F. commença à se dépouiller des choses qui lui appartenaient. Des habits qu'il ne porterait plus, trois paires de bottes, assez d'assiettes et d'ustensiles pour régler la partie la plus simple du problème de la famine dans le monde, plusieurs disques vinyle de chanteurs à la bouche maintenant farcie de racines de pissenlits, quelques casse-tête de 5000 morceaux, des outils peu utilisés, un arrosoir, cinq chaises et, pour le reste, le bazar habituel du consommateur moyen ayant fait la majorité de ses emplettes au vingtième siècle.

Il vaqua à cette tâche durant les trois premières semaines de juillet. Une bonne partie de ces choses prit la direction d'un comptoir d'entraide local, où l'on accueillit avec enthousiasme ce qu'il avait à offrir, bien que la plupart de ses possessions ne fussent pas, pour m'exprimer poliment, de première jeunesse – voyez comme moi cette cafetière de marque Oro : on m'apprendrait que sa fabrication a précédé la découverte du café que je ne serais pas le moins du monde étonné. Mais vous avez raison, c'est l'intention qui prime, et Ferdinand F. appréciait ici le fait de donner anonymement. Par ces gestes altruistes, il allégeait son univers au profit de quelqu'un aspirant à le meubler, tout en laissant derrière lui une modeste marque de son passage sur Terre, fût-elle achetée au rabais chez Canadian Tire.

L'altruisme ne menaça à aucun moment la grosse boîte brune au fond du placard, toujours scellée de ruban adhésif, et ce, depuis le jour 1 de son arrivée. Y dormaient, sous des couvertures délicieusement surannées, les romans d'aventures de son enfance, et avec eux, glissant dans les interstices qui séparaient les livres les uns des autres, des pans entiers d'une époque où J. K. Rowling portait encore le nom de Jules Verne. Même en se sachant condamné, Ferdinand F. ne se résignait pas à donner cette collection, glanée à gauche et à droite en échange de pièces de métaux – fer, cuivre, nickel – qu'il avait crus précieux parce qu'ils avaient ouvert les portes les plus larges que l'on puisse imaginer au creux d'une tête.

Cette boîte, par-delà l'attachement sentimental qui le liait à elle, comportait beaucoup d'exemplaires devenus rares, dont deux autographiés par l'auteur des *Voyages extraordinaires*. Il l'ouvrit, soupesa sa valeur, et se rappelant que quelqu'un devrait payer pour ses funérailles, il s'empara du bottin et contacta une libraire d'occasion pour qu'elle vienne chez lui examiner les livres. Une heure plus tard, la libraire ouvrit la boîte, soupesa sa valeur, et se rappelant que, si elle ne voulait pas que ses enfants aient à payer pour ses funérailles, elle avait intérêt à s'emparer de ce butin et à le revendre deux fois plus cher. Elle fit donc signer des papiers de vente à Ferdinand F. et partit. Ce n'était pas un million de dollars que perçut le vieil homme, mais c'était déjà le 1/122e de cette somme.

Sur la table, il ne restait que la boîte vide, exhalant toujours l'entêtant parfum des pages tournées trop vite et pour de bon. L'appartement en était réduit à sa plus simple expression, désert. Ferdinand F. s'assit sur ce qui était sa dernière chaise, sa main droite cherchant la poche revolver de son pantalon.

Contrairement à ce que l'on pourrait croire, c'est la vie qui se présenta à sa porte, et non ce paysan à la retraite tout vêtu de noir et ignorant manifestement le bon usage de la faux, que certains de ses hôtes, impressionnés par sa taille et son haleine glaciale, nomment la Grande Faucheuse. Elle le fit via la sonnette de la porte de Ferdinand F. Le hic, c'est que celle-ci servait si rarement qu'elle émettait un curieux son, qui rappelait la voix de quelqu'un qui n'aurait pas parlé depuis des années. Une voix éraillée, un filet de voix, une bouche remplie de cendres et de poussière. Le vieil homme mit un instant à comprendre qu'il s'agissait de la sonnette. Depuis combien de mois ne l'avait-il pas entendue retentir ? Il hésita à aller répondre, appréhendant un vendeur d'encyclopédies. Mais comme il pleuvait, il eut pitié et ouvrit. Il était 10 heures 34, le 25 juillet 2005. À la porte, se tenait bien pire qu'un vendeur d'encyclopédies trempé jusqu'aux os : c'était Georges Foisy en personne, dont on trouvait la flatteuse notice biographique à la lettre F de toutes les bonnes encyclopédies.

Ferdinand F. n'eut aucune peine à le reconnaître. Au nombre de fois où, au fil des ans, Bernard Derome avait parlé de lui, images et vidéos à l'appui, il savait parfaitement à quoi ressemblait son ennemi juré. Il aurait pu vous le dessiner à la main et, croyez-moi, il était pourtant un piètre dessinateur. À l'inverse, Foisy n'avait aucune idée de l'identité de l'homme qui se trouvait en face de lui. Il fallait l'excuser. D'abord, il avait rencontré tellement de gens dans sa vie trépidante qu'il aurait eu besoin d'un deuxième cerveau rien que pour stocker tous leurs noms et leurs visages. Et puis, ce n'était pas comme si tout le monde connaissait Ferdinand F., ni comme si son visage était aussi connu que je ne sais pas moi, celui de la Joconde – tout bien considéré, son visage devait être aussi peu connu que celui de la Joconde lorsqu'elle ne souriait pas. C'est pourquoi Foisy dut d'abord vérifier. En regardant d'un œil distrait la fiche que lui tendait l'un de ses six gardes du corps, il s'enquit: « Êtes-vous bien le docteur... Fernand Heffe ? »

On entendit le claquement de la porte à presque un kilomètre à la ronde.

Foisy sonna et frappa à la porte à plusieurs reprises, avec persévérance mais respect, sûr de son fait. En vain. Il se dit que ce monsieur F. – on l'avait avisé de son erreur – était décidément de mauvais poil. Comme il devait absolument lui parler, il insista. À ce stade-ci d'insistance, cela peut vous sembler tenir du harcèlement, et je vous comprends, mais il m'incombe toutefois de souligner que Foisy n'avait pas parcouru la moitié de la planète pour se buter à une porte fermée. En désespoir de cause, il écrivit sur un bout de papier la raison de sa visite et le glissa sous la porte.

Pendant ce temps, Ferdinand F., qui était si rouge de rage qu'il aurait pu rendre vert de jalousie un homard, faisait les cent pas dans son appartement, incapable de se maîtriser. Il n'avait qu'une envie: c'était de prendre un élan afin d'asséner à Foisy un coup de poing qui le projetterait en dehors de sa vie et, avec un peu de chance, extirperait son squelette de sa peau. Il expira longuement pour évacuer la pression. Rien n'y faisant, il alla s'asperger le visage dans la salle de bain, frottant ses yeux pour effacer cette image horrible de sa mémoire. Quand Ferdinand F. en sortit, un tantinet plus calme, il aperçut, à l'extrémité du couloir, sur le paillasson, le bout de papier. Ses yeux s'injectèrent à nouveau de sang et ses oreilles se mirent à bourdonner. Il se précipita pour s'en emparer, prêt à le déchirer avec les dents et à le lui cracher au visage. Mais avant qu'il n'ait eu le temps d'exécuter son plan, ses yeux croisèrent un mot qui le troubla, le forçant à lire le reste, livide. Sur le bout de papier mouillé il était simplement écrit : *Docteur, Frangin est très malade. Sans vous, il va mourir. Venez vite le voir. Il vous demande. Je vous en prie.*

Assis dans le couloir, fixant intensément ses pantoufles usées, Ferdinand F. ressentait des émotions contradictoires. Toute sa vie, il en avait voulu à Frangin de l'avoir trahi, de l'avoir abandonné comme un vulgaire déchet sur le bord d'une route de campagne, et de lui avoir fait sentir que son existence, excusez du peu, ne valait pas celle d'un fils de diplomate. Il avait détesté et détestait Georges Foisy avec autant de haine que le cœur d'un homme pouvait en porter. Dans ces conditions, pourquoi leur venir en aide ? Mais à la pensée que Frangin puisse mourir, qu'il puisse s'effacer de ce monde dont il avait jadis été la première des merveilles, quelque chose en lui se réveilla, remua et protesta. Quelque chose qui émergeait de sous l'épaisse croûte de glace où il avait enfoui ses plus beaux souvenirs. Ce n'était pas de l'amour, ni même de la nostalgie, mais quelque chose de plus fort, peut-être : de l'empathie. Trop longtemps, Ferdinand F. avait refusé de s'abandonner au cours du monde, de vivre avec lui et non dans sa marge, d'être de plain-pied de tous ses hauts comme de tous ses bas, et d'assumer le risque de tendre la mauvaise joue à tous les objets qui encombrent le ciel : soleil, nuages, Lune, planètes, étoiles, satellites, avions, oiseaux, alouette.

Il savait ce qu'il lui restait à faire, et advienne que pourrait.

Ferdinand F. se leva sans plus tarder, en espérant que Foisy n'ait pas pris, sur ces entrefaites, la poudre d'escampette. Il ouvrit la porte. Foisy n'avait pas bougé d'un iota. Il était demeuré debout sous la pluie, s'appuyant sur sa canne et attendant, l'air hagard, que cesse l'une de ces deux douches froides auxquelles il était confronté. Dans les yeux fatigués de son vieil ennemi, Ferdinand F. put alors lire la peur, une émotion qu'il connaissait mieux que quiconque. Par cette peur, qui faisait trembler jusqu'à ses iris, il ressentit toute l'inquiétude qui l'animait, et cela le bouleversa de deviner qu'il n'avait pas été le seul à éprouver autant d'amitié pour Frangin.

Il accepta de se rendre à son chevet, tout en tentant d'expliquer qu'il n'était pas... Mais Foisy, fou de gratitude, l'œil embué, ne le laissa pas compléter sa phrase et, tour à tour, serra chacune de ses deux mains avec effusion, exprimant toute sa confiance de voir Frangin rester du côté des vivants. Devant une telle démonstration, Ferdinand F. songea que l'on aviserait plus tard, lorsque le contexte s'y prêterait. C'était plus sage. Pour le moment, il fallait se préparer à partir.

Sans plus hésiter, il alla chercher une mallette poussiéreuse qui dormait depuis 40 ans sous son lit. Il la nettoya sommairement et y mit quelques effets personnels, comme le lui avait conseillé Foisy, en plus d'une couverture. Le temps de prendre son passeport sans encore aucune estampille – passeport qu'il renouvelait systématiquement tous les cinq ans, au cas où –, et il était prêt à lever les voiles. En partant, il ne ferma même pas la porte derrière lui. Il savait pertinemment qu'il ne reviendrait pas.

L'heure du vent avait sonné.

CHAPITRE 10

DANS SA LIMOUSINE NOIRE, SOUS LES REGARDS DÉGOÛTÉS DES GARDES DU CORPS DÉTREMPÉS, qui ne comprenaient rien à tout ce cirque et qui avaient depuis des lunes conclu à la folie de l'homme – folie doublée de sénilité, ajoutaient-ils entre eux –, Georges Foisy expliqua à Ferdinand F., fort troublé de se faire donner du « docteur », qu'il l'avait retracé grâce à son équipe d'espions, parmi les meilleurs au monde. Cela n'avait pas été une mince tâche : c'est que Ferdinand F. avait habilement brouillé les pistes, en quittant la maison familiale et en adoptant un nom d'emprunt.

— La rançon de la gloire, je présume, docteur F. ? Vous deviez être un médecin très prisé pour devoir vous éclipser ainsi de la vie publique. Mais je ne vous juge pas, allons, à votre âge, la retraite est plus que méritée.

Ferdinand F. opina faiblement de la tête et Foisy reprit :

— Les indications de Frangin étaient si peu nombreuses, si confuses, que mes hommes n'ont pas trouvé votre cabinet à Montréal.

Pourquoi diable son ancien ami imaginaire l'avait-il décrit comme un médecin ? La question lui brûlait les lèvres, mais il se retint de la poser à Foisy, de peur de perdre la chance de voir Frangin s'il lui avouait la vérité.

— Comme vous n'êtes pas dans le bottin téléphonique, vous comprendrez notre embarras, docteur F. : comment retrouver un grain de sable sur une plage au bout du monde ? On ne savait même pas si vous étiez toujours vivant. Il s'est noyé, commencions-nous à penser. Une sommité comme lui, ça ne peut pas disparaître comme ça !

Nous le savons, Ferdinand F. était trop prudent pour être du genre à se noyer ; il remplissait ses verres d'eau à moitié, ne sachant pas nager.

— Vous savez comment nous vous avons retracé ? Élémentaire, mon cher F. Vos livres ! C'est-à-dire, les livres vous ayant appartenu. Vous les avez tous signés de votre nom de jeunesse, n'est-ce pas ? Eh bien, j'ai des contacts chez les libraires d'occasion du Québec et lorsque j'ai lancé un avis de recherche vous concernant, pensant que vous aviez peut-être écrit un traité ou deux de médecine, une libraire de votre ville m'a parlé de la fabuleuse collection de romans d'aventures que vous lui aviez vendue récemment. Elle avait encore vos coordonnées postales dans ses dossiers et elle a supposé que vous étiez peut-être la personne que je recherchais. Mes espions ont fait le reste pour vous identifier hors de tout doute. Pas mal, hein ?

Ferdinand F. en avait le souffle coupé. Ses romans d'aventures lui en valait une ; l'ironie ne lui échappa pas.

Mais, à la différence de Frangin, il était bien en vie et chaque minute comptait. C'est pourquoi l'on se dirigea à toute allure vers le jet privé de Foisy. On serait dans le sud de la France – là où il disposait d'un manoir, et Frangin de son propre pavillon – en quelques heures. Ce dernier était sagement resté là-bas, afin de ne pas aggraver son cas, mystérieux.

— Il respirait avec beaucoup de gêne, quand je suis parti, et ses yeux étaient vitreux. Je ne l'ai jamais vu comme ça, précisa Foisy, avant de donner au pilote le signal de s'envoler.

Entre nous : Ferdinand F., préoccupé par ce qu'il venait d'entendre, était aussi un peu craintif à l'idée de prendre l'avion, je ne vous le cacherai pas. S'il devait mourir comme ses parents, s'inquiéta-t-il ? Mais le décollage se déroula bien, et il oublia vite qu'il n'avait pas apporté un cercueil flottant dans ses bagages.

Cela l'apaisa, sans le soulager d'une autre angoisse, lancinante celle-là : Frangin mourant ? *Le* Frangin qu'il avait inventé ? Comment était-ce seulement possible ? C'était un ami *imaginaire* !

Exténué par le voyage aller-retour et les soins apportés à Frangin dans les derniers jours, Foisy s'endormit dans son siège, laissant Ferdinand F. seul avec ses pensées. Pensées qui s'entrechoquaient par dizaines et qu'il prit d'abord pour des turbulences. Il était fébrile à l'idée de revoir Frangin, mais saurait-il le guérir ? Pourquoi, nom du ciel, Frangin croyait-il qu'il était devenu médecin ? Il n'avait jamais sauvé la vie de personne, pas plus qu'il n'avait su se guérir lui-même de toutes ses peurs. Il craignait de décevoir Georges Foisy, un homme à qui tout avait réussi et qui avait accompli tant d'exploits que les boutiques de fabrication de trophées peinaient à fournir toutes les médailles nécessaires. Il l'observa dormir. Quelque chose dans son bec-de-lièvre, dans les traits rugueux de son visage, aussi ridé que le sien, dans sa bouche entrouverte, où un dentier avait mis fin au règne des caries et ouvert celui des aliments mous, quelque chose dans ses mains déformées par l'arthrite, oui, quelque chose disait, sereinement : j'ai connu par leur nom chacune des secondes de ma vie. Ferdinand F. comprit alors qu'il y avait dans ce sommeil plus que des moutons heureux d'aller à la plage en compagnie de marchands de sable. Il y avait surtout un homme qui n'hésitait pas à s'abandonner devant lui, parce qu'il lui faisait confiance. Cette confiance le toucha en plein cœur, à 9 300 mètres d'altitude.

Au-dessus de l'océan Atlantique, Ferdinand F. prit conscience qu'il était enfin un voyageur en bonne et due forme. C'était à peine croyable : lui, 81 ans, au-dessus de l'Atlantique ! L'eau s'étalait à perte de vue et se comparait avantageusement aux plus vastes baignoires disponibles sur le marché. Il mima le lancer d'une ligne à l'eau tout en calculant que, de cette hauteur, on ne pouvait sans doute attraper que des poissons volants. Il rembobina sa canne à pêche, mais non sans remonter au bout de l'hameçon le souvenir de deux créatures marines : son père et sa mère. Depuis leur décès, une trentaine d'années auparavant, il n'avait jamais été aussi proche d'eux, physiquement parlant. Survoler l'océan, c'était comme venir se recueillir sur leur tombe. Une tombe anonyme, partagée avec les dauphins et les rorquals, une tombe où les fleurs tiendraient uniquement à l'horizontale. Il en profita pour leur dire qu'il espérait, où qu'ils soient, qu'ils faisaient bon voyage et que la température leur convenait, eux qui s'étaient toujours plaints de leurs rhumatismes. Puis il sombra à son tour dans le sommeil.

C'est un des gardes du corps qui réveilla Ferdinand F. Le jet s'était posé tout en douceur sur la piste d'atterrissage privée jouxtant le manoir de Foisy. Le vieil homme mit un peu de temps à comprendre où il se trouvait et pourquoi il s'y trouvait. Lorsque la mémoire lui revint, vive comme la pluie qui tambourinait sur le hublot lors de leur départ, Ferdinand F. ordonna avec autorité, comme l'aurait fait n'importe quel médecin de réputation internationale, qu'on le conduise d'urgence auprès du malade. Foisy lui tendit le bras et les deux vieillards descendirent de l'avion à toute vitesse, sous le regard ahuri des gardes du corps, qui commençaient à croire que la folie de leur patron était, misère, possiblement contagieuse. On les vit d'ailleurs se nettoyer vigoureusement les mains avec une solution antiseptique. Peut-on les blâmer ? Seules deux personnes au monde avaient déjà vu Frangin, et ces six-là n'en étaient pas.

Le pavillon où habitait Frangin paraissait, vu de l'extérieur, être un authentique palais où la seule limite que rencontraient les yeux était celle de la parole. En effet, comment nommer toutes ces choses ? Certaines étaient si spectaculaires qu'aucun mot, je crois, n'aurait pu leur rendre justice. Entouré d'arbres centenaires et de fleurs annuelles, Ferdinand F. était proprement ébahi par ce qui s'offrait à lui. Il n'avait jamais rien vu d'aussi beau, même par les yeux des auteurs de ses romans d'aventures préférés. Il avait l'impression d'avancer dans un tableau où chacun de ses pas tachait ses souliers d'une couleur inconnue, lumineuse et étrange. Tout lui semblait neuf : l'air dans ses poumons, le ciel, les nuages, et jusqu'au soleil qui, lui semblait-il, éclairait la Terre avec un nouvel accent. L'émotion lui monta à la gorge, et Georges Foisy, qui connaissait le cœur des hommes pour l'avoir entendu sur tous les continents de la planète, le sentit bien.

Sans dire un mot, il se retira, laissant à Ferdinand F. l'honneur d'entrer seul dans le pavillon. La porte grinça.

CHAPITRE 11

AUTANT LE PAVILLON ÉCLABOUSSAIT LE REGARD À COUPS DE SPLENDEURS, AUTANT L'INTÉRIEUR ÉTAIT D'UNE MODESTIE QUI DONNAIT L'IMPRESSION AU VISITEUR DE S'ÊTRE TROMPÉ D'ADRESSE. Car aussi curieux que cela puisse paraître, les murs – tous les murs – étaient gris, sans éclat. Ce n'était même pas une tapisserie exotique constituée de motifs moitié éléphant, moitié hippopotame. C'était juste de la peinture grise. Il y avait peu de meubles le long des murs, et beaucoup de poussière recouvrait des jouets en bois si vieux qu'un enfant d'aujourd'hui n'aurait pas pu concevoir qu'il s'agissait de jouets. Une odeur désagréable, que l'on aurait dit faite d'excréments de souris et de chat mouillé, attaquait les narines. Ferdinand F. était pour le moins troublé par tout ce qu'il voyait. Sortait-il d'une machine à voyager dans le temps ? Pour se donner du courage, il ouvrit sa valise et prit son costume de héros qui, pour rouge vif qu'il était à l'origine, tirait fortement sur le rosé. Il voulut l'enfiler, mais c'était sans compter sur un détail capital: il n'était plus du tout ajusté à sa taille actuelle. Qu'à cela ne tienne, il porterait plutôt sa couverture sur ses épaules, telle une cape. Il avança lentement vers la chambre, redoutant de découvrir Frangin mort dans son lit. Avant même qu'il ait eu le temps de pousser la porte, il entendit: « C'est toi, Ferdinand ? » Cette voix, reconnaissable entre toutes, c'était celle de son vieil ami imaginaire.

Mais son vieil ami imaginaire n'avait rien de vieux: il avait l'âge d'être son arrière-petit-fils. Parce que Frangin, voyez-vous, était resté un enfant, identique au souvenir que Ferdinand F. en conservait. Il n'avait pas vieilli d'une seule mèche de cheveux. Pas une seule. Son visage était, malgré la maladie qui l'affectait, aussi rond qu'auparavant, toujours encadré par ses inimitables cheveux blonds, et ses yeux étaient encore de ce vert champêtre dont les vaches se remplissent le ventre. Et comme si ce n'était pas assez, on aurait pu jurer, la main sur le cœur, que la goutte qui pendait à son nez était la même que celle qui y pendait en permanence en 1936, l'année de sa venue au monde. Pour ce qui est de ses vêtements – salopette bleue, chandail et bas blancs, vilains souliers en cuir de cheval –, je n'étonnerai personne en vous disant qu'il s'agissait des mêmes que jadis. Personne sauf Ferdinand F., dont la surprise était complète. Il se tenait là, debout devant le lit de Frangin, au milieu d'une pièce qui avait les dimensions exactes de sa vie. Des larmes coulaient sur ses joues et elles avaient toutes le goût salé de cette chose depuis si longtemps oubliée qu'il nommait, dans le secret enfoui de sa langue, son enfance.

Frangin n'avait eu aucune difficulté à reconnaître Ferdinand F. Ce n'était pas à cause de la cape fripée de héros ridé qu'il portait sur son dos, car il ne l'avait jamais vue. C'est plutôt que les lèvres du vieil homme se terminaient toujours, à leur commissure droite, par un énorme grain de beauté qui donnait l'impression qu'un point d'exclamation dormait à l'horizontale sur sa bouche. Ils se regardèrent longuement, sans mot dire, ravis de partager, côte à côte, le même silence. On aurait pu croire qu'ils auraient chacun voulu résumer dans leurs grandes lignes les 25 109 jours qui s'étaient écoulés depuis la fin abrupte de leur amitié, que des légions de phrases attendant d'être prononcées faisaient la file derrière leurs lèvres respectives, mais ils s'en tinrent au silence, au sourire que l'un commence et que l'autre termine. Le passé n'avait aucune espèce d'importance, et les explications ne pesaient plus rien devant la légèreté de la Terre lorsqu'elle tourne ainsi sur elle-même, jusqu'à étourdir les oiseaux cachés dans le ciel.

Cet instant de grâce ne pouvait pas durer indéfiniment. L'arrivée de Georges Foisy, les yeux pleins d'espoir, vint rappeler que de longues minutes s'étaient déjà additionnées à l'âge fragile de tous. Il fallait agir.

Le hic, c'est que Ferdinand F., nous le savons aussi bien que lui, n'avait jamais pratiqué la médecine sur un être humain, jamais possédé de bistouri, ni lu le moindre traité médical. Sa dernière intervention chirurgicale remontait au milieu de son adolescence, lorsqu'il avait recollé le bras gauche d'un de ses soldats de plomb ; l'intervention avait été un échec, ce qui avait valu au soldat d'être muté dans une poubelle. Rien de très rassurant. Cela ne l'empêcha pas de poser sa main sur le front de Frangin pour vérifier s'il était fiévreux, de prendre son pouls à son poignet, et d'écouter sa respiration avec un stéthoscope de son invention, tiré de sa mallette – de la ficelle jaune et deux boîtes de conserve, dont l'une avait contenu il y a longtemps des cœurs d'artichaut qui, à voir son visage concentré, battaient maintenant sous une autre forme. Ce stéthoscope bizarre fit une forte impression sur Foisy qui, comme il n'avait jamais vu ce genre d'instrument, crut voir là une particularité révélatrice du génie qu'il prêtait au docteur F.

Aussi professionnel qu'il essayait d'être, chacun de ces gestes causèrent toutefois à Ferdinand F. une vive émotion. D'abord, il y avait la proximité, troublante : être près du dernier vestige de son enfance, sentir son haleine de bégonias séchés, laisser affleurer par centaines des souvenirs autrefois fuyants, qu'il fallait sans cesse rapiécer pour ne pas qu'ils prennent l'eau des yeux. Puis l'inconsolable certitude, celle de savoir qu'il ne pouvait rien pour Frangin, qu'il n'était pas plus médecin que vous martien, et que Georges Foisy le réaliserait, mortellement déçu. Il imaginait aisément la suite : il ferait la une des journaux du pays pour imposture, et finirait sa vie en prison, aux oubliettes. Il s'en voulait de n'être que Ferdinand F. Comment avait-il pu penser un seul instant qu'il aurait pu réussir là où Foisy lui-même, bardé de tous ses diplômes prestigieux, avait échoué ? Cette impuissance, qui avait marqué chacun des moments-clés de son existence, lui nouait à nouveau la gorge. Il n'aurait voulu qu'une seule chose de la vie à ce moment précis : qu'elle le quitte un peu, lui, le vieillard inutile, le bon à rien de rien, pour gagner le corps infini de cet enfant de 12 ans, pour qu'il vive entièrement, sans tous ces nuages dans les poumons.

Je ne sais pas si c'est sous l'effet d'un don quelconque, d'une prière entendue et exaucée, de la pilule imaginaire que Ferdinand F. avait jugé bon de lui administrer pour sauver les apparences ou par simple coïncidence, mais l'étrange est que la respiration de Frangin se mit à s'améliorer singulièrement dans les heures qui suivirent. Je répète : singulièrement. À tel point que, dès le lendemain matin, vers huit heures, il était sur pied, replaçant avec tendresse la cape sur le corps frissonnant de Ferdinand F., qui avait passé la nuit à son chevet, assis sur une chaise berçante. Le vieil homme marmonna quelques mots dans son sommeil, qui semblait agité, mais ni Frangin ni Georges Foisy ne comprirent ce dont il s'agissait. Devaient-ils le réveiller ? Était-il malade ? À la réflexion, ils se dirent que non, prétextant le décalage horaire, la fatigue du vol, la nuit à se faire du mauvais sang ; bref, conclurent-ils, il avait bien besoin de ce repos, amplement mérité. Puis ils quittèrent la chambre pour se rendre dans la cuisine, là où ils prépareraient sans se presser un copieux déjeuner pour remercier ce « bon docteur F. », au sujet duquel Foisy ne tarissait pas d'éloges, lui qui voulait le couvrir d'or et d'argent et de bronze, puis recommencer. Comprenez-le : ce n'était pas tous les jours que quelqu'un venait de sauver la vie à son meilleur ami.

Dans le rêve de Ferdinand F., qui ne savait pas alors que Frangin allait, ma foi, mieux qu'un champ de tournesols par une belle journée d'été, tout ne brillait pas au cou comme un soleil décroché pour en faire une médaille. Loin de là. Il avait des sueurs froides, tremblait à s'en cogner les os, et c'est les yeux fixés sur une mouche morte qu'il écoutait la juge – parfaite réplique de Joséphine Francœur – s'adresser à la salle. Il pouvait sentir le poids des regards portés sur lui, ce qui faisait pencher sa tête en avant, rendant sa cape grotesque. Il était coupable d'un nombre si élevé de chefs d'accusation que son avocat avait préféré aller s'asseoir de l'autre côté de la salle avec les plaignants. Non seulement on le reconnaissait criminellement responsable du décès de Chut ! et de Frangin, mais le jury avait tenu, à l'unanimité, à ajouter à sa peine de prison à vie le titre d'*homme le plus ridicule de tous les temps – incluant ceux à venir*. Tandis que six policiers ressemblant tous à Georges Foisy comme six gouttes d'eau venaient le chercher pour le mettre derrière les barreaux, il admit en larmes, à ses parents assis dans la salle en habit de plongée sous-marine, qu'il n'était pas médecin et, pire encore, qu'il n'était qu'un homme ordinaire à qui il n'était jamais rien arrivé. Comme il se trompait ! Lui à qui les astres avaient toujours refusé leur lumière, voilà qu'il s'apprêtait à connaître, à son réveil, le plus beau moment de toute sa vie.

Suivi, hélas, du pire.

CHAPITRE 12

DANS LE JARDIN, SOUS UN IMMENSE CHÊNE VERT, ÉTAIENT ASSIS AUTOUR DE LA TABLE GEORGES FOISY, FERDINAND F., DE MÊME QUE FRANGIN, DONT LE FRANC APPÉTIT FAISAIT PLAISIR À VOIR. Pour ceux qui pouvaient le voir, bien sûr. Les gardes du corps, postés aux quatre coins du jardin, avaient pour leur part renoncé à comprendre pourquoi il y avait un troisième couvert entre les deux hommes. Au moins, constataient-ils, Foisy ne parlait pas tout seul comme à son habitude. C'était déjà cela de gagné. La conversation allait bon train, douce comme le vent, qui ralentissait près d'eux pour ne rater aucun des mots échangés. L'hôte se révéla particulièrement intéressé par les propos de Ferdinand F., dont il trouvait la modestie rafraîchissante, loin des phrases officielles qui venaient ponctuer les obligations mondaines de sa vie de célébrité. Ces deux-là parlèrent de long en large, de bas en haut, refirent le monde brique par brique, chacun apportant à l'édifice une couleur différente mais complémentaire.

Cela, sous le regard aimant de Frangin, qui se tenait en retrait, par choix. Ses yeux recelaient une lueur complice à la vue de ce spectacle inespéré, mais également de la sérénité. Nul n'aurait pu dire qu'il avait frôlé la mort les jours précédents. Sa guérison tenait du miracle. Peu importe la cause réelle de celle-ci, elle avait rendu les deux personnes les plus importantes de sa vie plus heureuses qu'elles ne l'avaient jamais été, en dépit de leurs 81 années bien sonnées.

Pour Ferdinand F., qui n'avait pas connu le bonheur depuis des décennies, l'ivresse n'en était que plus forte, parce que venue de sa main. Cette main qui avait tendu la pilule imaginaire était peut-être celle d'un héros qui s'ignorait, après tout. Une sorte de justicier médical, doté de pouvoirs insoupçonnés. Bah ! ce n'était pas un geste fracassant, digne d'un film d'action à grand déploiement, mais c'était rudement efficace, comme en témoignait la mine rayonnante de Frangin et son sourire plein feux. Et puis Georges Foisy – de tous les hommes exceptionnels ayant un pied à terre sur cette planète, pouvez-vous le croire, Georges Foisy ! – semblait sous le charme, multipliant les compliments, ce qui donnait aux joues de Ferdinand F. une teinte de rouge qui n'était pas sans rappeler l'érable lorsqu'on lui dit, les yeux levés vers le ciel, que sans lui l'automne serait une saison bien triste. Sa vie, sa longue vie de contrariétés, de déceptions et de journées plus grisâtres que la Lune, s'en trouvait rachetée, oubliée. S'il était décédé dans les heures suivant cette phrase, il aurait fait le cadavre le plus joyeux que l'on puisse imaginer, offrant à tous le souvenir rare d'un homme frappé par un excès de bonheur. Mais rangez vos habits de deuil : ce n'est pas ainsi que devait mourir Ferdinand F.

Après le déjeuner, Georges Foisy proposa une visite guidée de son domaine, histoire de se délier les jambes après s'être délié la langue. Si Ferdinand F. fut enchanté par la proposition, qu'il accepta en joignant les deux mains pour éviter qu'elles ne s'envolent, tant il était excité à l'idée de visiter cet illustre domaine auquel si peu de gens avaient eu accès, Frangin préféra décliner l'invitation, lui qui connaissait déjà la propriété et ses dépendances comme le fond de n'importe laquelle de ses poches. Il en profiterait, dit-il, pour faire un peu de ménage dans son pavillon, tâche à laquelle il ne s'était pas adonné ces derniers temps, vu son état ; la poussière en avait profité pour établir un empire aux lois volatiles et allergènes. Après, il irait les rejoindre. Pour sûr, les deux hommes auraient préféré bénéficier de sa compagnie – malgré son éternelle jeunesse, Frangin était probablement le plus sage des trois, et ses observations sur le monde toujours empreintes de maturité –, mais ils étaient si bercés par leur enthousiasme amical qu'ils ne firent aucun cas de ce caillou que le sort jetait, sans malice aucune, sous leurs pieds. Foisy pointa vers le nord et l'on se mit en route. Frangin sourit mystérieusement, puis regagna le pavillon.

Une heure plus tard, près d'une rivière parsemée de rochers et bordée par quelques platanes, Foisy, qui depuis peu était devenu Georges pour les intimes, dévoila à Ferdinand F. que, de tous les endroits qu'il avait visités de par le monde, aucun ne lui procurait autant de plaisir que celui-ci. Soyons francs : le lieu était beau, certes, mais d'une beauté ordinaire, incapable de rivaliser avec une carte postale pittoresque ou un calendrier des plus beaux parcs du continent, par exemple. Ce n'était qu'une rivière parsemée de rochers et bordée par quelques platanes, comme on en voit des tonnes au cours d'une vie de marcheur. Et pourtant. Lorsqu'on lui demanda pourquoi, il répondit :

— Je ne sais pas pourquoi. J'aimerais pouvoir te le dire. Quand je suis dans l'ombre de ces arbres plusieurs fois centenaires, je sens que je suis moi-même, déplaçant mon ombre parmi les ombres. Tu sais, je n'ai jamais réclamé tout ce soleil. Parfois, Ferdinand, j'ai l'impression qu'il fond sur moi comme un vautour.

Ferdinand F. s'étonna de la confidence qu'il venait d'entendre. Il n'aurait pas cru que l'on puisse se plaindre de la hauteur du soleil, et que l'on pouvait même vouloir l'écarter de sa vue. Cette réponse était celle d'un homme qui était arrivé chez lui.

Frangin vint effectivement les rejoindre, alors qu'ils admiraient un des nombreux champs de lavande appartenant à Georges, qui était fou de cette odeur – odeur dont la persistance dans ses narines, même à des milliers de kilomètres de là, l'avait un jour convaincu d'acheter un domaine en Provence plutôt que de consulter un oto-rhino-laryngologiste. Leur ami imaginaire n'arrivait pas les mains vides : il avait avec lui un ballon. On accepta avec enthousiasme son offre de jouer, y voyant une preuve supplémentaire, si besoin était, qu'il était entièrement remis de sa maladie. Ils s'installèrent en triangle isocèle, Frangin se positionnant à l'extrémité la plus lointaine de celui-ci. Ferdinand F., qui n'avait pas touché à un ballon depuis des décennies, craignit d'être gauche, mais il n'en fut rien. Les muscles étaient bien un peu rétifs, mais les réflexes demeuraient présents, et le ballon circulait dans les airs avec une constance remarquable si l'on considérait le fait que deux des joueurs avaient déjà joué avec ce qui devait être, grosso modo, l'arrière-arrière-arrière-petit-fils de ce ballon.

Chaque lancer était moins un geste qu'une photo jaunie dont les personnages s'animaient, mus par l'entêtante musique de l'enfance. Et cette musique s'accélérait à chaque lancer, comme un carrousel, plus vite, plus haut, plus fort, des cigales se joignaient à la danse, on entendait presque hennir les chevaux mécaniques, les cœurs battaient tambour et, dans ce tumulte de sons, de souvenirs, d'odeurs, on en vint à oublier la distance qui séparait les êtres humains les uns des autres ; tous étaient les satellites d'un même ballon, et c'est sur cette sensation, cette perfection dans la grâce du moment, que Frangin lança le ballon si haut qu'il se faufila entre Georges et Ferdinand F., puis disparut dans le champ de lavande.

Les deux hommes s'y précipitèrent immédiatement pour le récupérer, amis et rivaux, rivaux et amis, se bousculant par jeu, chacun promettant à l'autre qu'il serait tel ou tel animal s'il ne retrouvait pas le ballon avant lui. Mais on mit du temps avant d'ouvrir une nouvelle cage au zoo, le ballon s'avérant beaucoup plus ardu à repérer qu'ils ne l'auraient cru d'emblée. Pourtant, sa trajectoire était limpide. Le ballon ne devait sûrement pas être très loin, cela aurait dû être l'affaire d'une dizaine de secondes, tout au plus. Était-ce la lavande qui, par ses odeurs envahissantes, compliquait le travail de recherche ? Il faut aussi noter – je ne crois pas l'avoir mentionné, et cela a son importance – que le ballon était d'un bleu qui rappelait la couleur de la lavande, ce qui augmentait de beaucoup le coefficient de difficulté. Les taquineries, elles, diminuèrent, jusqu'à ne plus avoir cours, et les deux hommes, redevenus sérieux comme des papes, ratissaient le champ avec la minutie d'un vieillard racontant sa vie.

Arrangez cela comme vous voudrez, mais après trois minutes à quadriller les abords du champ, ils n'avaient pas encore retrouvé le ballon perdu. Des soupirs commençaient à se faire entendre et, par un effet d'entraînement, le découragement se mit de la partie, venant bien près de l'emporter. Ferdinand F. allait officiellement renoncer – moins patient, Georges était déjà allongé de tout son long dans le champ, observant tranquillement le dessous de ses paupières –, mais il vit quelque chose à sa droite, à quelques mètres de lui. Il s'en approcha, croyant avoir enfin localisé le ballon de Frangin. Alors qu'il s'apprêtait à crier à Georges de cesser ses recherches, Ferdinand F. remarqua une chose étrange : pour un ballon, il avait un drôle de bec et beaucoup de plumes. Normal : c'était un oiseau, plus précisément un pigeon voyageur. À sa patte gauche était attachée une fine corde reliée à une lettre, lettre sur laquelle il était écrit *À Ferdinand*. Comprenant immédiatement qui en était l'auteur, il leva la tête et regarda en direction de Frangin. Mais il y avait belle lurette que Frangin n'était plus là.

Ses genoux cédèrent sous le poids du chagrin. Pourquoi tout ce qu'il aimait disparaissait-il toujours de son regard ? Il décacheta l'enveloppe en tremblant tandis que le pigeon voyageur, qui avait accompli sa mission, donnait l'impression de chercher à s'éloigner le plus rapidement possible du lieu de la déflagration.

Cher Ferdinand,

Je t'ai menti. Je n'étais pas malade, pas le moins du monde. J'ai fait semblant. C'était la seule façon de te faire venir ici, à mes côtés. De te revoir une dernière fois.

Je te demande pardon pour la douleur que mon départ a pu t'occasionner, en 1936. À l'époque, tu avais des amis, ou du moins tu pouvais en avoir autant que tu voulais, et j'ai deviné d'après ce que tu me racontais sur Georges qu'il n'en avait pas un seul. Je le devinais plus fragile que toi. Il avait besoin de moi. (Ce n'était pas dirigé contre toi : tu as été un ami fabuleux. Avec un F majuscule.)

Georges est riche et célèbre, tout lui réussit, mais les gens s'intéressent à lui pour des raisons superficielles. Comme quand il était enfant (a-t-il, comme toi, jamais cessé de l'être ?). C'est pourquoi je suis resté avec lui toutes ces années.

Tu es là. Et ça me rassure plus que tout au moment de partir. De toutes les personnes au monde, tu es la plus apte à me remplacer à ses côtés, j'en suis sûr. Je dois aller vers d'autres enfants solitaires qui ont besoin d'un ami comme moi. Veille sur Georges, Ferdinand. Et laisse-le veiller sur toi. Vous ne me regretterez pas, promis.

Frangin

Doucement, sans la froisser, Ferdinand F. rangea la lettre dans la poche de son pantalon qui, soudainement, contenait une version insoupçonnée de l'histoire de sa vie, nettement plus belle que ce qu'il s'était toujours figuré. Cette version était arrivée tard, oui, mais elle était arrivée, libératrice. C'était ce qui comptait. Il ne servait à rien de s'apitoyer sur son passé alors que chacun des jours qui lui restait à vivre s'annonçait plus vaste, plus dégagé. Il prit une longue respiration pour ne pas pleurer, déchiré entre la joie et le chagrin. L'air était pur, le ciel bleu, et, mêlé au chant des oiseaux, on pouvait entendre le ronflement régulier de l'heureux Georges, assoupi dans le champ. Couché sur le dos, ses mains noueuses derrière la tête, légère comme celle d'un roi qui ne sait pas qu'il vient de perdre sa couronne. Comment pourrait-il lui annoncer une telle nouvelle ? Sa vie durant, les mauvaises nouvelles étaient venues frapper à la porte de Ferdinand F., s'invitant elles-mêmes. Pour une rare fois, il devrait être le messager, la bouche par laquelle le malheur arrive pour les autres. Il infligerait à Georges une blessure dont il connaissait trop bien l'arrière-goût, son cortège de douleurs vous réveillant aux petites heures du matin, ne laissant derrière elles qu'un sentiment de vide que rien ne pouvait combler. Il aurait voulu lui éviter tout cela – comme il l'aurait voulu –, mais Ferdinand F. le savait, c'était impossible d'en faire l'économie.

L'idée ne lui traversa pas la tête, mais s'il y eut un moment où sa conduite devait être héroïque, c'était bien celui-là. Sa langue ne devait pas trembler et ses épaules devaient rester fermes, car Georges en aurait besoin. Georges aurait besoin de lui, besoin de quelqu'un comme il n'avait jamais eu besoin de quelqu'un auparavant. Et si Georges ne succombait pas à ses blessures, il devait aussi lui avouer qu'il n'était pas médecin.

ÉPILOGUE

INSÉPARABLES, LES DEUX HOMMES LE FURENT JUSQUE DANS LA MORT, CE QUI EMBARRASSA CONSIDÉRABLEMENT LE GOUVERNEMENT DU QUÉBEC. C'est que, dans son testament, Georges Foisy disait accepter qu'on lui rende hommage par des funérailles nationales – par égard, un fonctionnaire l'avait contacté à ce sujet quelques mois avant sa mort, le sachant sans descendance –, à la condition expresse que ce soit également le cas pour Ferdinand F., advenant que celui-ci meure après lui. Dieu merci, les deux hommes étaient décédés en même temps, ce qui épargnait au moins au gouvernement le ridicule d'une cérémonie consacrée exclusivement à Ferdinand F. Car s'il allait de soi que l'on souligne de façon grandiose la vie de Foisy, dont le travail d'écrivain lui avait valu, à titre exceptionnel, deux prix Nobel de littérature – l'un pour ses romans, l'autre pour ses récits d'aviation – et tellement de médailles que son médecin lui déconseillait de les porter, de peur qu'il ne se déplace une vertèbre cervicale, personne, absolument personne, ne connaissait ce Ferdinand F., obscur parmi les obscurs. C'était à se demander si lui-même connaissait son propre nom de famille. Hum, on était embêtés. Fallait-il acquiescer à la requête farfelue de Foisy, lui qui, par son succès, avait tant fait pour la promotion du Québec à l'étranger ? Après bien des délibérations, le ministre responsable du dossier, qui cachait derrière sa cravate un cœur d'une tendreté à faire rougir les roses, trancha en faveur de la requête, ce qui provoqua une controverse dans l'opinion publique, qui ne comprit pas pourquoi l'on dépensait des fonds publics pour un parfait inconnu. Les électeurs s'en souviendraient – j'ose à peine réfléchir à ce qui serait arrivé si l'on avait appris que son père, Albert Poudrier, était cet usurier recherché pendant des décennies et sur lequel la police n'avait jamais réussi à mettre le grappin, ni sur son imposante fortune.

Néanmoins, c'est ainsi qu'en 2010, par un bel après-midi de juin, on rendit hommage à Georges Foisy et à Ferdinand F. lors d'une cérémonie tenue sur les Plaines d'Abraham, à Québec, pour permettre au plus grand nombre de gens possible de venir saluer la mémoire des deux hommes. En fait, il serait plus juste de dire la mémoire de Georges Foisy, car en tout et pour tout deux personnes seulement se donnèrent la peine de venir se recueillir devant le cercueil de Ferdinand F., pourtant à quelques pas de celui de son illustre ami, visité par tous les dignitaires imaginables. Mais parfois, ce n'est pas le nombre qui compte, mais la façon dont on compte ce nombre. Je dis cela parce qu'un murmure se répandit parmi la foule lorsque l'on vit débarquer d'une limousine surdimensionnée deux hommes d'un certain âge. Ils passèrent devant le cercueil de Foisy sans même s'arrêter ou, sacrilège, sans le regarder, pour se diriger plutôt vers celui de Ferdinand F. Le murmure de la foule se transforma en clameur.

Je vous le concède, Ringo Starr traînait un peu de la patte, mais Paul McCartney semblait drôlement ému à la vue du cercueil de celui qui aurait pu être le batteur des Beatles, en remplacement de Pete Best. Perplexes, les gens qui assistaient à la scène crurent qu'il s'agissait d'une probable erreur sur la personne, ou au pire d'une plaisanterie douteuse, mais ils durent se rendre à l'évidence lorsqu'ils lurent le journal, le lendemain matin. McCartney, en entrevue, racontait à un journaliste incrédule ce que représentait Ferdinand F. pour les Fab Four. Il confessait aussi ne pas savoir qui était Georges Foisy.

S'il est possible que des funérailles puissent être une réussite, celles-là le furent, sans aucun doute. Des dizaines de milliers de personnes avaient défilé devant le cercueil recouvert du fleurdelisé, et les différents discours prononcés à la mémoire de Foisy avaient fait mouche ; tous avaient insisté sur le fait que l'on célébrait une vie débordante de réussites renversantes, une vie d'exception. Mais dans tous ces discours, à travers toutes ces couronnes de fleurs sur lesquelles on avait écrit son nom en lettres majuscules, personne n'avait pu dire à quel point Georges avait été, jusqu'à la dernière seconde de son existence, un ami extraordinaire.

Si Ferdinand F. avait été encore en vie au lieu de reposer paisiblement dans le cercueil voisin, il aurait pu prendre le micro et raconter, mieux que quiconque, les cinq dernières années de la vie de Georges. C'est que les deux vieillards, qui avaient longtemps souffert de la solitude, étaient devenus les meilleurs amis du monde. Cela s'était fait tout naturellement, dans les semaines qui suivirent le départ de Frangin. Dans un premier temps, Georges avait été terrassé par la nouvelle, plongé dans une noirceur sans réponse dont il émergeait difficilement. Qu'allait-il devenir sans cet ami qui était resté à ses côtés pendant près de 70 ans ? Mais la présence rassurante de Ferdinand F., sa façon de le regarder avec des yeux qui auraient pu être des morceaux de miroir, le ton feutré de sa voix, la générosité de son écoute, tout chez lui respirait la bonté. Cette bonté avait fini par l'apaiser. Il se sentait entre bonnes mains et chaque nouveau jour en appelait un autre, à ceci près que bientôt la nuit diminua, jusqu'à n'être plus qu'une poudre noire que le vent emporta au loin.

Georges offrit à Ferdinand F. de s'installer dans le pavillon de Frangin. Son nouvel ami accepta sans hésiter et le redécora à son goût – fini le gris, bonjour les couleurs éclatantes. Dès le lendemain, une équipe de peintres s'activaient et le pavillon devint le bâtiment le plus chaleureux de tout le domaine, celui où l'on finissait la soirée à discuter autour de la table des projets du lendemain. Ces deux-là avaient beau être octogénaires, rien ne les arrêtait. De vrais gamins, concédaient les gardes du corps, qu'ils parvenaient à semer de plus en plus souvent. À ce jeu, Ferdinand F. ne donnait pas sa place ; son enthousiasme déteignait sur Georges, qui se régalait.

De fait, en l'espace de quelques mois, Ferdinand F. avait conquis le ciel à l'aide des leçons de pilotage données par Georges. Ensemble, ils explorèrent bien des recoins de l'Europe, prenant à témoin les nuages de leur insatiable goût de vivre. Et lorsque ce n'était pas le ciel qui était mis à contribution, c'étaient les mers sur lesquelles ils naviguaient, des mers chaque fois plus lointaines, peuplées d'animaux étranges que Ferdinand F. avait déjà côtoyés, en rêve, ou du bout de son index, dans des livres à la reliure dorée. C'était pareil pour tout : les choses dont il avait toujours rêvé, il n'avait plus qu'à tendre la main pour les toucher, les faire siennes. De tous les gens qui l'avaient jadis connu, aucun n'aurait pu le reconnaître, pas même son ancien miroir. Il changeait à vue d'œil. Il rajeunissait. Il souriait à nouveau sous la Lune. Il n'était peut-être pas devenu un héros, mais cela ne l'empêchait pas de mener la plus grande aventure de sa vie : l'amitié.

Ce qui parut aux deux amis durer un siècle d'insouciance ne dura en réalité que cinq années. La cinquième et dernière fut plus difficile pour Georges, car sa santé se détériora. Quitter le lit le matin était une épreuve, et ne pas y retourner le jour pour faire une sieste en était une autre. La nuit ne valait pas beaucoup mieux ; son sommeil se compliquait de curieuses douleurs dans la poitrine. Il choisit de le cacher à Ferdinand F., ne voulant pas gâcher son plaisir et tenant mordicus à ne pas être un boulet pour lui. De tout cela, son complice ne sut jamais rien. Aussi, les deux hommes poursuivirent leurs expéditions comme de coutume, bien que le pas de Georges ralentissait inexorablement, laissant derrière lui un sillon de quelques mètres. D'ailleurs, dans les pentes abruptes, il n'était pas rare que son ombre le dépasse.

Durant ces voyages, il arrivait régulièrement que Georges s'arrête et sorte de la poche de son veston un calepin et un crayon. Si, au départ, cela relevait d'une stratégie visant à camoufler le fait qu'il s'essoufflait, il eut tôt fait d'y prendre un vif plaisir, retrouvant subitement le chemin perdu menant de la feuille vierge à la page d'un livre, comme on retrouve à la fin de l'hiver, intacte, et coincée sous la neige, une bulle remplie de vent. Lui qui n'avait pas écrit depuis quasiment une décennie – ses lecteurs se croyaient déjà orphelins – écrivait avec urgence le nom des étoiles qu'il voyait briller dans les yeux de son ami, qui ne se doutait pas que des constellations entières se tramaient dans la tête de Georges. Ses anecdotes, ses confidences, ses opinions, ses lectures, tout cela déroulait une carte du ciel que personne n'avait pris le temps d'étudier avant lui.

Lorsque Ferdinand F. l'interrogeait sur ce qu'il griffonnait dans son calepin, Georges répondait invariablement : « Une suite au dictionnaire. » Ce qui n'était pas faux, en un sens. Car au-delà des mots qu'il avait patiemment égrenés au fil de ses livres, il lui restait l'envie impérieuse de raconter la vie de Ferdinand F., indissociable de la sienne, et sans laquelle il n'aurait jamais connu Frangin, ni ne serait devenu celui qu'il avait été aux yeux de tous. C'était là un ultime cadeau, qu'il espérait avoir le temps de mener à terme avant sa mort, et qu'il pourrait léguer à Ferdinand F. L'écriture de ce texte lui fit éprouver une joie toute particulière, parce que, pour la première fois de sa vie, il écrivait pour un lecteur dont il connaissait d'avance le regard. Lorsqu'il déposa le crayon, deux semaines avant sa mort, Georges, malgré la douleur qui progressait, se sentait en paix avec tous les os de son corps.

Cet hommage bouleversant, on devait le découvrir plus tard dans ses affaires, non sans surprise. Il fut publié quelques années après la mort des deux hommes. Le livre fit beaucoup pour la santé financière des librairies, tout en soulageant le gouvernement, qui put s'enorgueillir de sa clairvoyance et de son audace dans le dossier des funérailles nationales – personne ne fut dupe, ce que prouva le résultat de l'élection suivante. Surtout, il assura la postérité à Ferdinand F., qui devait bien rire dans son cercueil de papier. Il y tenait le rôle de sa vie, à savoir celui d'un héros ordinaire, sans cape ni épée ni pouvoirs magiques, mais fort d'avoir vaincu ses peurs.

Comme quelques-uns parmi vous s'en souviennent, le livre débutait ainsi : « Dans sa jeunesse, il était arrivé quelque chose d'incroyable à Ferdinand F., et ce quelque chose était même quelqu'un de plus incroyable encore : Frangin. Le problème, c'est qu'aucun lecteur ayant toute sa tête ne pourrait donner foi au récit du vieil homme malade que je suis. Commençons donc par la fin, qui vaut tous les débuts. »

Et Frangin, justement, me demanderez-vous ? Eh bien Frangin, qui devait être le seul survivant de cette histoire, assista lui aussi aux funérailles, bien que vous ne le trouverez sur aucune des photos de l'événement. Pourtant, ce n'est pas parce qu'il était assis à l'autre bout des Plaines d'Abraham, sirotant un jus de pomme comme, par exemple, Joséphine Francœur, qui avait reconnu Ferdinand F. à sa notice nécrologique dans le journal. D'accord, l'ancienne bibliothécaire n'avait plus toute sa tête, mais elle avait conservé la meilleure partie de son cœur, et avait tenu à venir, même si c'était pour rester en retrait, fidèle à l'image, au fond, de l'homme qui avait été son premier amour. Je ne sais pas si c'est l'émotion, ou plus simplement l'âge, ou, allez savoir, une combinaison des deux, mais quelques jours plus tard on la retrouva, confuse, arpentant les rues de Montréal et proposant aux passants de signer une pétition pour que l'on retourne vivre en 1967 – obligatoirement avant le 12 mars. Elle mourut dans l'année qui suivit.

Mais je m'éloigne : Frangin était beaucoup plus proche des deux cercueils. En fait, si vous fermez les yeux et que vous vous concentrez fort, vous verrez qu'il était debout à mi-chemin entre les deux, évidemment ignoré de tous parce qu'invisible. Ce qui était dommage, car il avait troqué sa traditionnelle salopette trouée pour un habit noir, très classe – Ferdinand F. et Georges auraient beaucoup apprécié cette petite attention de circonstance. Il était venu seul, faussant momentanément compagnie à Virginie Primeau, sa nouvelle amie. Ses yeux étaient rougis, on voyait qu'il avait pleuré. Pour lui aussi, c'était la fin d'un chapitre. Cependant, il ne pouvait s'empêcher de sourire, comme si son plan avait réussi à merveille. Ces funérailles collectives étaient la preuve incontestable que Georges s'était lié d'amitié avec Ferdinand F. Mieux, qu'il avait tout fait pour faire rejaillir sur lui sa propre gloire, se délestant d'un peu de ce soleil qui, toute son existence, l'avait suivi pas à pas, mais qui, en des circonstances différentes, aurait pu être celui de Ferdinand F. et de tant d'autres. Ce constat était pour lui une consolation. Les deux vieillards étaient allés jusqu'au bout de leur destin, qui était de se rencontrer, comme il l'avait été dans leur jeunesse, lorsqu'ils avaient été brièvement voisins de pupitre. Que voulez-vous, ils s'étaient d'abord ratés, comme cela arrive parfois. Il avait fallu l'intervention de Frangin pour leur ouvrir les yeux, et ils avaient fait eux-mêmes le reste, c'est-à-dire l'essentiel. Debout entre les deux cercueils, Frangin était à nouveau ce trait d'union qu'il avait été entre leur vie, et qu'il était maintenant jusque dans leur mort.

Et si, plus tard dans la journée, sur la route du vieux cimetière où l'on devait les enterrer côte à côte, les deux cercueils parurent si légers aux six porteurs, ce n'était pas parce que les deux hommes s'adonnaient à un régime minceur à la fin de leur vie. C'était parce qu'il y avait un septième porteur, aux cheveux blonds, nommé Frangin. Il fut le dernier à quitter le cimetière et, pendant des années, le seul visiteur à déposer de la lavande devant leur pierre tombale respective.

❋
❋ ❋

Sait-on jamais à quoi pensent les gens au moment de mourir ?

Pour ma part, j'aime à imaginer que, du haut du ciel, dans leur petit avion baptisé *Le Vieux Nuage*, à peine quelques secondes avant de s'écraser contre le sommet d'une montagne des Pyrénées à la suite d'un problème mécanique, Ferdinand F. demanda peut-être à Georges ce qu'un papillon peut bien dire à une chenille lorsque, par hasard, il en croise une. Si Georges a eu, comme je le crois, le temps de répondre, je suis convaincu qu'il lui a dit, les yeux déjà inondés par tout le bleu du ciel : « Ce que tu viens de me dire, Ferdinand. Exactement ce que tu viens de me dire. »

Mario Brassard

Vers la fin du secondaire, j'ai reçu d'un de mes enseignants une petite carte. Par timidité, je ne l'ai pas ouverte devant lui. Ce soir-là, seul dans ma chambre, je l'ai lue. Il y était question du temps qui passe et de la difficulté croissante, plus nous vieillissons, à accomplir nos rêves. De la force d'inertie qui, imperceptiblement, s'empare de nos corps et nous pousse à la résignation. Honnêtement, je n'ai pas trop compris pourquoi il m'avait donné cette petite carte déprimante. Le monde n'était-il pas encore dans sa jeunesse, son œuf frais éclos, et ma vie ouverte à toutes les possibilités imaginables ? Ce n'est que bien des années plus tard que j'ai compris ce qu'il voulait dire. Ce n'était pas un avertissement qu'il m'avait lancé : c'était un flambeau qu'il me passait. Il ne me suffisait pas de nommer mes rêves, il me fallait avoir le courage de les porter bien haut si je voulais les faire advenir – rêver, c'est un travail pour les mains.

Ferdinand F. est un rêveur dont les mains ont longtemps refusé de grandir. Par déception, par peur, par abandon. Je ne le juge pas. Son pas est simplement plus lent que celui des autres. L'important, c'est qu'il ait un jour décidé d'ouvrir la porte de chez lui et de sortir de sa chrysalide.

GARANT DES FORÊTS INTACTES

Ce livre a été imprimé sur du papier Enviro
100 % recyclé, traité sans chlore, accrédité Éco-Logo et fait à
partir d'énergie biogaz.
Achevé d'imprimer
à Montmagny (Québec)
sur les presses de Marquis Imprimeur
en janvier 2018

MARQUIS